おおむてんてん

0〜1歳児向き

イヌさんとネコさんに変身！
不織布の柔らかい質感に子どもたちもうれしい！ベストだけ、しっぽだけでもかわいいアイテムになります。

[使える！脚本データ] 脚本②

イヌ

かんたん！かわいい！
カラー帽子に耳と顔をはるだけです。

子どもといっしょに！
不織布にワンポイントのマークを入れました。「車にする？」「お花がいいかな？」「チョウチョウがいいかな？」と子どもが選んでもいいですね。

ネコ

後ろはこんな感じ！

かんたん！かわいい！
リボンを後ろにすることで、着せやすく、リボンが気になったりしません。
背の部分に切り込みを入れて細長く切った不織布を通します。

かんたん！かわいい！
重ねたり、丸めた不織布の中に綿を入れたしっぽにゴムを付けます。

003　衣装の作り方は P.39

1～2歳児向き

とんとんとん

いつもの服の上に、色鮮やかなカラーポリ袋のかわいいベストで、軽やかに舞台の上を動きます。何色かを用意して子どもたちが選ぶのもいいですね。

[使える！脚本データ]
脚本 ③

子どもたち

かんたん！かわいい！
ベストとは色違いの胸元のリボンがワンポイントに。カラービニールテープで補強して、カラーポリ袋を通すとじょうぶになります。

子どもといっしょに！
保育者が切ったカラービニールテープや丸シールを、子どもたちが飾り付けします。

おばけ（保育者）

クマ（保育者）

かんたん！かわいい！
折り返したえりの縁にカラービニールテープをはってアクセントを出しました。カラーポリ袋のチョウネクタイもプラス。

かんたん！かわいい！
白色カラーポリ袋2枚をつなげて、縁をなみなみにカット。角に腕を通す輪ゴムを付けています。

ウサギ（保育者）

かんたん！かわいい！
色違いのカラーポリ袋でかわいいフリルを付けました。

カバ（保育者）

かんたん！かわいい！
カラーポリ袋の角を折ってはり付けると、カバの身体の大きな丸みが出ます。

衣装の作り方は P.45

004

いっしょに作ろう！アイディア衣装

でんしゃにのって

1〜2歳児向き

電車に次々といろいろな動物が乗ってきますよ。動きやすいようにノースリーブに。バルーン型がかわいいですね。

[使える！脚本データ] 脚本04

ウサギ
ウサギさん だよ〜

クマ
でんしゃに のるよ〜

かんたん！かわいい！
台形に切った不織布の上下を折り込んでゴムを通して、はり合わせるだけ。バルーン型が子どものかわいらしさをさらに引き立てます。

ゾウ
パオーン！ ゾウだよ

子どもといっしょに！
保育者が切った顔のパーツを子どもがはってもいいですね。どんな顔になるかな？

衣装の作り方は P.51

2〜4歳児向き

てぶくろ

カラーポリ袋にかんたんな模様を付けて、後ろにはかわいいしっぽを付けます。アクセントの不織布のスカーフがすてきですね！

[使える！脚本データ]
脚本⑤

ネズミ

チューチュー

かんたん！かわいい！
カラー帽子に不織布の耳や、色画用紙の顔を付けます。

後ろはこんな感じ！

かんたん！かわいい！
しっぽは、細く巻いた紙をカラーポリ袋で包み、カラービニールテープで模様を付けて、形を整えます。

子どもといっしょに！
カラーポリ袋に、子どもがキラキラテープなどで模様をはり付けます。

かんたん！かわいい！
三角形に切った不織布のスカーフでさらに華やかになります。前に巻いたり、後ろに巻いたり、斜めにしたりしてもいいですね。

子どもといっしょに！
スカーフは、子どもが布用のペンで絵を描くのもいいですね。

ウサギ

ピョ〜ン

後ろはこんな感じ！

かんたん！かわいい！
しっぽは、毛糸のポンポンを付けます。

衣装の作り方は P.58

006

いっしょに作ろう！アイディア衣装

パンダ

こんにちは！タヌキだよ！

ニッコリニコニコ

かんたん！かわいい！
しっぽは、毛糸のポンポンを付けます。

後ろはこんな感じ！

タヌキ

かんたん！かわいい！
しっぽは、綿をカラーポリ袋で包んで、カラービニールテープで模様を付けます。

後ろはこんな感じ！

ガオー!!

子どもといっしょに！
「たてがみはどんな形かな？」などことばがけをしてイメージを広げましょう。色画用紙にすると、勢いよく立ちます。

後ろはこんな感じ！

かんたん！かわいい！
後ろは、切り込みを入れておくと、着脱がしやすくなります。

かんたん！かわいい！
しっぽは、カラーポリ袋を細長く巻き、先端に、巻いて切った不織布をはり付けます。

ライオン

007

2~4歳児向き

おおきなかぶ

カラーポリ袋の縁にかわいいテープでアクセントを。小さな動物は、カラーポリ袋を短めに腰に巻いて小ささを表現！ 三つ編みのしっぽがかわいいですね。

子どもといっしょに！
4歳児は、自分で絵を描いてお面にしてもいいですね。

つぎはぼくだ

イヌ

ニャ～ニャ～

かんたん！かわいい！
短めのカラーポリ袋の上端を折り返して、ゴムを通し、両端をつなぎます。

ネコ

[使える！脚本データ]
脚本 06

みんながんばって～

かんたん！かわいい！
スズランテープを三つ編みにしたしっぽ。

ネズミ

衣装の作り方は P.66・67

008

いっしょに作ろう！アイディア衣装

うんとこしょ！

かんたん！かわいい！
おばあさんと孫たちでおそろいのスカーフにしても…。

どっこいしょ！

子どもといっしょに！
カラーポリ袋のフリルを付けるとかわいらしさがアップします！

かんたん！かわいい！
カラーポリ袋は破れやすいので、カラーセロハンテープなどで縁を補強しましょう。

うんとこしょ！

孫たち（女の子）

おばあさん

子どもといっしょに！
「おばあさんはどんなエプロンかな？」など、ことばかけをしながら作りましょう。カラーポリ袋のエプロンの縁には、マスキングテープをはるとかわいいです。

おじいさん

009

2～4歳児向き

おむすびころりん

ふんわり不織布で和風なイメージを演出。
少しのあしらいで、子どもたちらしさが出ますよ。

きをつけて
いってらっしゃい

子どもといっしょに！
着物やエプロンをマスキングテープなどで模様を付けてみましょう。

おむすび
まだかな～

いってきます

[使える！脚本データ]
脚本⑦

子どもといっしょに！
縁に飾りリボンなどでちょこっとあしらうとすてきです。

おばあさん

子どもといっしょに！
小さく切った段ボールを筒状に丸めて、断面でスタンプします。

ネズミたち

おじいさん

衣装の作り方は P.78

010

いっしょに作ろう！アイディア衣装

2～4歳児向き

おおかみと7ひきのこやぎ

カラーポリ袋でかわいくかんたんな衣装にしました。少しの模様でも、それぞれのキャラクターのイメージが伝わります。

[使える！脚本データ] **脚本⑧**

エプロンがおかあさんぽいでしょ！

かんたん！かわいい！
大きなリボンを付けて、優しいおかあさんのイメージに。

オオカミなんかこわくないよ

子どもといっしょに！
保育者が花形に切った画用紙を、子どもがはりました。

おいしそうな子ヤギたちだ！

おかあさんヤギ

子ヤギたち

子どもといっしょに！
黒のカラーポリ袋を切ってはり、オオカミの怖さを表現しました。

オオカミ

011　衣装の作り方はP.92

3〜5歳児向き

サルとカニ

カラーポリ袋をメインにしたかわいく色鮮やかな衣装です。
登場人物のイメージが広がりますね。

[使える！脚本データ] **脚本⑨**

カニ（子どものカニ）

後ろはこんな感じ！

かんたん！かわいい！
背中に切り込みを入れると着脱しやすいです。

子どもといっしょに！
不織布を切ってはったり、キラキラテープをはったりして、好きな模様を付けます。

カニ（母親）

後ろはこんな感じ！

かんたん！かわいい！
両手のハサミは、段ボールに色画用紙を重ねてはり、裏から帯を付けます。

かんたん！かわいい！
おかあさんカニには、スカーフを巻くのもいいですね。

サル

後ろはこんな感じ！

かんたん！かわいい！
ベスト（緑）と反対色にあたる赤色の不織布でリボンを付けて、ワンポイントに。

子どもといっしょに！
ベストを着せてお茶目さを出します。子どもが模様を切ってはってもいいですね。

かんたん！かわいい！
おなかとおしりにもカラーポリ袋をはってサルのイメージを出しました。

衣装の作り方は P.106

012

いっしょに作ろう！アイディア衣装

ハチ

かんたん！かわいい！
黒色カラーポリ袋の上下を折り返してゴムを入れてバルーン型に。黄色カラー布粘着テープで模様を付けます。

後ろはこんな感じ！

かんたん！かわいい！
羽は、クリアフォルダーを切って、布粘着テープではり付けます。羽らしい透明感を演出。

クリ

子どもといっしょに！
スズランテープを裂いた腰みので、クリのイガイガ感を出しました。

後ろはこんな感じ！

子どもといっしょに！
キラキラテープなどで好きな模様をはりましょう。

臼

後ろはこんな感じ！

かんたん！かわいい！
硬いイメージの臼は、段ボールに色画用紙をはっています。前後をリボンでつなぎます。

子どもといっしょに！
臼の模様をイメージして描いてもいいですね。

コンブ

後ろはこんな感じ！

子どもといっしょに！
海の中で揺られているコンブの形をイメージして、不織布を切ってみましょう。

013

くすのきだんちは10かいだて

3〜5歳児向き

絵本の中でそれぞれ着ている服の特徴を生かして作りました。基本のベストは、前開きと、後ろでくるものの2種類あります。

[使える！脚本データ]
脚本⑩

衣装の作り方はP.120・121

キツネ

後ろはこんな感じ！

子どもといっしょに！
5歳児になると、互いに後ろのひもを結び合う姿も見られます。

子どもといっしょに！
ベストのボーダーは、キラキラテープのりつきをはります。

モグラのもぐ

後ろはこんな感じ！

かんたん！かわいい！
ベストの縁に、銀色のカラービニールテープでかっこよさを演出！

ウサギ

後ろはこんな感じ！

子どもといっしょに！
丸シールで模様をはります。

後ろはこんな感じ！

かんたん！かわいい！
不織布のえりでかわいさアップ！

ヘビ

後ろはこんな感じ！

子どもといっしょに！
「しっぽはどんな形かな？」など、ことばがけをしながらイメージを広げましょう。

かんたん！かわいい！
おなかと、服の模様はキラキラテープをはっています。

サル

かんたん！かわいい！
えり元にカラービニールテープをはって、アクセントに。

後ろはこんな感じ！

かんたん！かわいい！
しっぽは、発泡シートの形を整えて、不織布で包みます。

014

いっしょに作ろう！アイディア衣装

リス

後ろはこんな感じ！

子どもといっしょに！
不織布のエプロンは、フリルをあしらいます。

かんたん！かわいい！
不織布をジャバラ折りしてスカーフに。ボタンは丸シールです。

カケス

後ろはこんな感じ！

子どもといっしょに！
エプロンの模様は、キラキラテープのりつきで華やかにしました。

かんたん！かわいい！
不織布の翼は、色画用紙の羽をはり付け、リボンで結んで留めます。両側の先端にゴムを付けて、手を通します。

フクロウ

後ろはこんな感じ！

子どもといっしょに！
不織布の翼には、色画用紙を切った羽をはります。

モモンガ

後ろはこんな感じ！

かんたん！かわいい！
不織布の膜は、手足とも、ゴムを通します。スカーフの色合いもアクセントに。

かさじぞう

4〜5歳児向き

不織布を使って和服のイメージに。着物の模様は、いろいろな素材を使ったり、ピンキングバサミを使ったりしています。

[使える！脚本データ]
脚本⑪

かさ？いらな〜い

子どもといっしょに！
子どもの好きな色を選んで作ってもよいでしょう。

町の人たち

子どもといっしょに！
5歳児なら、「おばあさんは着物かな？」「どんなかっこうがいいかな？」などと、ことばがけをしてイメージを広げましょう。

なんとかなりますよ

子どもといっしょに！
飾り切りの折り方や切り方を子どもといっしょにいろいろ工夫して、変化を付けました。

おばあさん

衣装の作り方は P.134

016

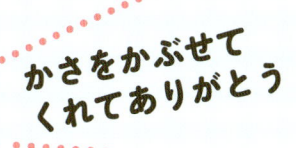

いっしょに作ろう！アイディア衣装

かさをかぶせて
くれてありがとう

おこめもやさいも
ないよ…

子どもといっしょに！
スズランテープを三つ編みにして、ワラで編んだ笠の雰囲気に。

子どもといっしょに！
5歳児なら、「お地蔵さんはどんなかっこうをしているかな？」「こんな材料もあるよ」など、ことばがけをしてイメージを広げましょう。

子どもといっしょに！
ピンキングバサミで切った不織布を好きな場所にはり、オリジナルの衣装を作ります。

子どもといっしょに！
5歳児なら、「おじいさんはどんなズボンかな？」「どんな形かな？」などと、ことばがけをしてイメージを広げましょう。

お地蔵さん

おじいさん

017

4〜5歳児向き

金のがちょう

不織布で作ったベストに飾り付けをしました。えり元やすそa切り方を工夫するだけでイメージが変わります。

[使える！脚本データ]
脚本⑫

♪ きんちょうするな〜

子どもといっしょに！
帯やすそに通したリボンで、本格的な衣装になりました。

このスカートわたしがデザインしたの

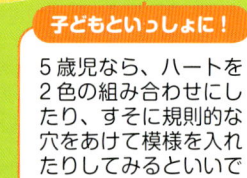

子どもといっしょに！
帽子とベストをおそろいの色にしておしゃれに！

すてきでしょ！

3兄弟

子どもといっしょに！
5歳児なら、ハートを2色の組み合わせにしたり、すそに規則的な穴をあけて模様を入れたりしてみるといいですね。

娘たち

小人

衣装の作り方は P.146・P.147　018

いっしょに作ろう！アイディア衣装

ぼくは
おうさまだぞ

きれいでしょ？

子どもといっしょに！
違う色のカラーポリ袋を重ねるとより華やかになります。

ぼくイケメン！

子どもといっしょに！
不織布のマントの縁に、キラキラテープをはり付けるとゴージャスになります。

王様

お姫様

かんたん！かわいい！
黒色のベストは、上を広げるとかっこよく見えます。

町の人たち
芸人たち

十二支のはじまり

4～5歳児向き

鮮やかなカラーポリ袋に模様をはり、細長く切った不織布で和服の帯のように結ぶと、色のアクセントにも。しっぽを付ける役割にもなっています。色選びや、模様を子どもたちといっしょに楽しみましょう。

[使える！脚本データ] 脚本⑬

ウシ

子どもといっしょに！
前と後ろの模様も変えてみました。

後ろはこんな感じ！

かんたん！かわいい！
しっぽは、三つ編みしたひもの先にスズランテープを付けました。

ネズミ

かんたん！かわいい！
すそを短めにして、小さいイメージにしました。

後ろはこんな感じ！

子どもといっしょに！
しっぽは、ピンク色の不織布をなみなみに切ります。

神様

子どもといっしょに！
ひげは、どんな形かな？　不織布を細長く切ってつなげています。

後ろはこんな感じ！

子どもといっしょに！
着物のすそは、キラキラテープで厳かさを演出。

サル

かんたん！かわいい！
すそにカラービニールテープを付けてアクセントに。

後ろはこんな感じ！

ヒツジ

かんたん！かわいい！
しっぽは、カラーポリ袋に綿を詰めています。

後ろはこんな感じ！

ウマ

子どもといっしょに！
たてがみは、背中にはカラーポリ袋を、帯にはスズランテープを使っています。

後ろはこんな感じ！

衣装の作り方は P.161

020

いっしょに作ろう！アイディア衣装

ヘビ

かんたん！かわいい！
すそを折り返してゴムを通しています。

後ろはこんな感じ！

タツ

子どもといっしょに！
背びれは、どんな形かな？ 三角に切ったカラーポリ袋をはっています。

後ろはこんな感じ！

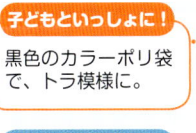

ウサギ

かんたん！かわいい！
しっぽは、綿をカラーポリ袋で包んでいます。

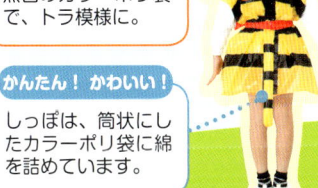

後ろはこんな感じ！

トラ

子どもといっしょに！
黒色のカラーポリ袋で、トラ模様に。

かんたん！かわいい！
しっぽは、筒状にしたカラーポリ袋に綿を詰めています。

後ろはこんな感じ！

ネコ

子どもといっしょに！
カラーポリ袋でぶち模様を付けました。

後ろはこんな感じ！

イノシシ

かんたん！かわいい！
しっぽは、三つ編みしたひもの先にカラーポリ袋を付けました。

後ろはこんな感じ！

イヌ

かんたん！かわいい！
しっぽは、カラーポリ袋に綿を詰めて、先をくりんと丸めました。

後ろはこんな感じ！

ニワトリ

かんたん！かわいい！
羽は厚紙に画用紙をはり、帯を付けて腕にはめます。

後ろはこんな感じ！

021

ピーター・パン

4〜5歳児向き

それぞれの登場人物にテーマカラーを決めて、カラーポリ袋で作りました。服の模様など、話し合いながら子どもたちと作ると盛り上がります。おとぎの国へ出発！

[使える！脚本データ] 脚本⑭

ティンク

後ろはこんな感じ！

かんたん！かわいい！
カラーポリ袋をふんわり結んで大きなリボンに。

子どもといっしょに！
ホルターネックで妖精感アップ！ かわいい模様を飾りましょう。

ピーター

後ろはこんな感じ！

子どもといっしょに！
片側だけで結ぶ衣装で雰囲気満点！ 好きな模様を飾りましょう。

ウエンディ

後ろはこんな感じ！

子どもといっしょに！
カラービニールテープを引っ張りながらはると、ふんわり感が出ます。

かんたん！かわいい！
えりは、半分に切ったレースペーパーでかわいく。

マイケル

後ろはこんな感じ！

子どもといっしょに！
縦ラインは、マスキングテープで簡単に！

ジョン

後ろはこんな感じ！

子どもといっしょに！
えり元は、模様入りのマスキングテープでアクセントに。

かんたん！かわいい！
紙袋にカラー布テープをはり、リボンを付けて、便利道具を入れるバッグに。

衣装の作り方はP.178・179

022

いっしょに作ろう！アイディア衣装

タイガー・リリー

かんたん！かわいい！
手足には、カラーせいさく紙でバンドを巻きました。

子どもといっしょに！
「どんな模様がいいかな？」胸元は、カラー布テープで太いラインを入れてしっかり感を。

星たち

かんたん！かわいい！
キラキラテープを長く切り、動きを付けて。

子どもといっしょに！
「星のキラキラ感を出すには、何かいいかな？」など、ことばがけをするといいですね。

子どもたち

かんたん！かわいい！
カラーポリ袋の帽子は、縁にゴムを入れて形を整え、ふんわり感を。

フック

かんたん！かわいい！
白ブラウスのえりを立てると雰囲気アップ！

子どもといっしょに！
「どんな模様がかっこいいかな？」中央には、キラキラテープのりつきのラインで大胆に。

海賊たち

かんたん！かわいい！
正方形に切ったカラーポリ袋を三角に折り、ターバン式に巻いて、ゴムで留めます。

023

子どもといっしょに! 劇あそび 衣装について考えてみましょう

劇あそびのなかで、イメージを広げるアイテムとなるのが衣装・小道具です。ふだんの生活・日常保育の中で、子どもたちがふれた素材や経験した活動を取り入れるとよいでしょう。年齢によって、子どもたちの興味・関心、ものごとへのかかわり方が変わっていきます。子どもの成長を感じながら、保育者もかかわっていきたいですね。

0・1・2歳児でもいっしょに劇あそび

「0・1・2歳児の製作活動は難しい!」だから「衣装は保育者がすべてやってしまう」と思っていませんか? 0・1・2歳児の子どもでも、いっしょに衣装を作っていけるのです。

例えば、ベストの色をいくつか用意して「何色がいいかな?」、マークを何種類か作って「どれが好き?」など、子どもに選んでもらってもいいですね。子ども自身が少しでもかかわると、「自分のもの」の気持ちも芽生え、身につけることの喜びが増します。当日も、「いつもの」の安心感につながります。

5歳児は 横について見守ろう

5歳児になると、自分たちで考え、行動できるようになってきます。登場人物のイメージを膨らませて自分たちで作ることが楽しくなります。「おじぞうさんはどんなかっこうをしている?」「何を使うといいかな?」など、保育者は横で見守る気持ちで、イメージづくりから楽しんで取り組めることばがけをしていきましょう。

4歳児は 背中を押す気持ちで

他者の評価が気になる年齢でもあります。友達のものと見比べたり、少し自信をなくしたり。「どういうふうにしたいかな?」など、子どもの「こうしたい」のイメージを大切にしながら、後押しし、子ども自身が考える自主性をはぐくんでいきたいですね。

3歳児は 引っ張ってあげよう

3歳児は、自分中心の世界から周りの大人や友達へ関心が広がっていきます。「この色を使うときれいだね」「こう切るとお花みたいだよ」など、保育者がリードしながら、子どもの世界を広げていきましょう。たくさんの素材を用意して、どんどん興味を持てるようにしていけるといいですね。

子どもとつくる 楽しい劇あそびのヒント

運動会や作品展を経験した子どもたちは、心身共にとてもたくましく成長します。また、友達同士で協力し合う姿も見られるようになり、集団としてクラスがひとつにまとまりつつあります。そんな時期に1年間の保育の集大成として行なう行事が発表会（劇あそび）です……。このように説明されると、つい身構えてしまいがちですが、「はじめに」でも述べたように、「本来楽しいものであるべき、ふだんの保育の延長線上に劇あそびがある」と、とらえてみてはいかがでしょうか。

子どもとつくる 楽しい劇あそびのヒント

その1 3つのポイント

ここからは、保育者が子どもたちといっしょに楽しみながら、みんなで劇あそびをつくっていくためのヒントを掲載します。まずは3つのポイントから。

1 イメージを持とう！

劇の題材選びは、保育者が最初に悩むところです。まずは子どもたちのお気に入りの絵本や感動した絵本から候補に選びますが、園の先輩や知り合いの保育者から情報を得たり、園に劇あそびの記録（ビデオ・DVDなど）があれば参考にしたりしてもよいでしょう。題材が決まったら、あらためてその絵本をよく読んで理解し、お話の中のどんなところを伝えたいのか、「ねらい」を含んだ自分なりのイメージをしっかりと持ちましょう。

2 子どものよいところを生かそう！

4月からクラスの子どもたちとかかわり、だれがどんな性格で、それぞれの長所・短所もある程度把握できていることでしょう。元気で活発なA君、几帳面なB君、ダンスの大好きなCちゃんが、劇あそびの中で生かせる場はどんなところか、ノートに記録やメモをしながらシミュレーションしていきましょう。
配役はジャンケンなどで適当に決めたりせずに、子どもの「この役がやりたい」という気持ちをくみ取ったり、得意とするものを生かせるように配慮したりします。

3 みんなが主役！

裏方も含めてどんな役も大事ということを、子どもたちだけでなく保護者にも伝えておきましょう。ひとりひとりが役の意味を感じ取れば責任感が生まれ、存在感が出ます。
例えば最初は保育者が悪役を演じて見せ、味のある動きやせりふを言うことで、「悪役もおもしろそう、やってみたい」という気持ちがしぜんに持てるようになります。そうすることで、どの役にも魅力を感じるようになるでしょう。

> この3つを押さえながら、次ページのフローチャートへ…

楽しい劇あそびのヒント

子どもと つくる

その2 何からどうしていけばよいかのシミュレーション

保育者の自己満足のために"子どもがやらされている"ような劇あそびは、見ているほうも決して楽しくは感じられないでしょう。でも、保育者が題材に対するイメージを持ち、子どもたちひとりひとりの特長を確認しながら、クラス全員が大切な役を担っていることを忘れないようにすれば、必ず意味のある保育としての劇あそびにつながります。最初は試行錯誤や手探りの状態でもかまいません。ひとつひとつ積み重ねていくことで、「楽しい劇あそび」を実現させましょう。

必ずできる楽しい劇あそび

同時進行することもあるので、このとおりでなく入れ替わっても省略してもかまいません。まずは自分のやりやすいようにやってみましょう。
本書の各ページでヒントをたくさん紹介しています。参考にしながら進めていきましょう。

---

1 さあ劇あそびを始めよう!

何から準備をすればよいか悩むところです。じっくり1学期・2学期を振り返ってみましょう。

↓

2 これまでに読んだ絵本で、子どもたちが興味を持っていたのは?

動物中心の話、繰り返しの話、昔話など、子どもたちの反応がよかったのはどんな内容だったか思い出してみましょう。→本書では、子どもたちが親しみやすいお話を紹介しています。

↓

3 クラスの雰囲気や子どもたちの状態を考えよう!

元気なクラス、優しいクラス、男の子が多い、女の子が多いなど、クラスの雰囲気を考えてみましょう。

↓（子どもといっしょにね!）

4 題材を決定しよう!

今までの内容から候補を絞り、実際に絵本を読んでみましょう。最終的に子どもの意見も聞いたうえで、題材を決定してもいいでしょう。

↓

5 どんな歌や遊びをしてきた?

ごっこ遊びやわらべうた、運動遊びなど、子どもたちが楽しんでいた遊びを思い出し、脚本に取り入れます。4・5歳児なら、劇あそびに合いそうな歌や遊びを決め、歌詞や振りを考えていきます。
→本書では、「絵本から劇あそびへの保育の流れ」で遊びながら楽しめる、劇げの流れを紹介しています。

↓

6 絵本のせりふを言ったり遊びを楽しんだりしよう!（とにかく絵本で遊びたおそう!）

繰り返しの動きや言葉がある絵本の場合は、絵本を見ながらせりふを言ってみたり動きをまねしたりして楽しんでみましょう。繰り返すうちに、しぜんと覚えていきます。

↓

7 脚本を考えてみよう!（子どもの言葉をメモすればいいよ!）

遊びやせりふが決まったら、思うままに脚本を作ってみましょう。まずお話の筋に沿ってせりふを入れていきます。
→本書では、子どもが演じやすい脚本の例を紹介しています。子どものようすに合わせて打ち替えられるWordデータも活用しましょう。

↓

8 試してみよう!

脚本を考えたら、実際に子どもたちとやってみましょう。最初の一部分、場面が変わるまでのところなどです。せりふは子どもたちが言いやすい言葉に直していきましょう。

9 いろいろな役に挑戦！

最初から役を決めず「今日はネコ、今日はお姫様」など、みんなでいろいろな役に挑戦していきます。

↓

（子どもの「サルをやりたい！」を引き出そう！）

10 配役を決めよう！

劇あそびの全体の流れや、それぞれの役の動きがわかってきたら、話し合ってだれがなんの役をするかを決めます。

↓

（ネズミのお面があったらいいかな？）

11 持ち物・衣装やお面を作ろう！

4・5歳児は作りたい物がはっきりしてくる年齢なので、話を聞きながら材料を用意しましょう。3歳児は保育者が土台を作り、子どもたちが飾り付けなどをします。

→本書でも一例を紹介しています。カラーページを活用して話し合ったり、「準備」のページを参考にしてください。お面の型紙PDFも活用してください。

↓

（みんなで作るよー！）

12 大道具や背景を作ろう！

4・5歳児は保育者といっしょに土台から作り、最後は子どもたちに任せてみましょう。年齢が低いほど保育者が土台をしっかりと作り、劇に合った花や葉っぱなどを子どもたちがはっていきます。

→本書でも一例を紹介しています。

---

13 舞台でやってみよう！

保育室である程度劇あそびの動きを覚えたら、実際に発表会で演じる会場で練習してみて、広さに慣れるようにしましょう。

↓

（ありさ先生にも頼んじゃおう！）

14 確認してみよう！

登場・退場や立つ場所、どこを向くかなど、実際にやってみて動きやすいように変更していきましょう。大道具の位置や必要な物もよく見ておきます。手の空いている保育者に見てもらうのもいいですね。

↓

（今のオオカミさん本当に怖かったよ。じょうずだね！）

15 自信が持てるようにしよう！

がんばっている子どもたちをたくさん褒めて、自分の行動に自信が持てるようにしましょう。

↓

16 保護者にも伝えよう！

日ごろのようすを口頭で伝えたり園便り・クラス便りなどで知らせたりしましょう。本番までに期待を高めていただき、家庭でも話題に上ることで、子どもの意欲も高まっていきます。

---

17 予行練習を生かそう！

ほかの保育者や子どもたちに見てもらい、感想を聞いてみましょう。子どもたちも実際に見てもらうことで、人前で演技をする緊張感が味わえます。

↓

（間違っても平気だよ！）

18 最終確認をしよう！

持ち物や道具類が壊れたり破れたりしていないか、子どもたちといっしょに確認します。最後は、保育者がひとつひとつ最終確認をしていきましょう。

↓

（リラックス！リラックス！）

19 本番を迎えて…

保育者が笑顔で話をすれば、子どもたちも安心します。緊張して張り詰めたような表情をしないように気をつけましょう。

↓

（やったね！）

20 終わってから…

最後までがんばった子どもたちの姿を、たくさん褒めてあげましょう。みんなの前でせりふを言ったり歌をうたったりしたことは、大きな自信へとつながります。

（次ページでは、絵本から劇あそびへつなげていくコツを、詳しく説明します。）

子どもとつくる 楽しい劇あそびのヒント

その3 劇のイメージを楽しく広げていっぱい遊ぼう！

絵本から保育を広げていき、しぜんな流れで劇あそびへとつなげていくためには、劇あそびを特別なものととらえずに、「本来楽しいものであるべき、ふだんの保育の延長線上に劇あそびがある」と認識することが大切です。

子どもとつくる 劇あそびへつなげるコツ

★ 14本の脚本各々の冒頭に付いています。
★ 『おむすびころりん』の冒頭見開きページを例に挙げていますが、各々のお話に応じて、よりよい遊びの広げ方を提案しています。

❶ 絵本を選ぶ

- 今まで読んできた本を思い出し、子どもたちの好きそうな内容を考えます。園の本や図書館、書店などで絵本を探しましょう。

お話のポイント

- 絵本のあらすじとポイントを簡潔にまとめました。ここから『おむすびころりん』のイメージをつかんでください。
- このままプログラムの紹介文としても使えます。

❷ 保育の流れ

- 絵本を読む→イメージを持つ→遊びを広げる→劇あそび　といった一連の流れが、「ふだんの保育の延長線上」にあると、無理なくしぜんにこのような展開となるでしょう。

❸ 絵本を読み終えたら

- 絵本の中で繰り返し出てくる言葉や動きがあれば、やってみましょう。全員で声を合わせて言うだけでも、気分が乗ってきます。

絵本からの遊び1

- 絵本の中から思いつく遊びを保育者が考えたり子どもたちに聞いたりして、好きな遊びの時間に積極的に取り入れていきましょう。遊びを組み合わせて、脚本を作っていきます。

絵本からの遊び2

- 絵本に出てくる物を作ってみましょう。できた物で遊んでみて、子どもが興味を持つかどうか、実際の劇あそびで使うときはどうかなどをチェックしておき、本番までに改善していきます。
- 大道具などは、子どもがいつでも遊べるように、保育室に置いておきましょう。子どもたちの自由な発想の遊びから、脚本に生かせるヒントが見つかることもあります。

役になりきって遊ぶ

- いろいろな役を経験して、最後に配役を決めます。日によってだれもやらない役があるかもしれません。代わりに保育者がやってもいいでしょう。

❹ 子どもたちの姿を大切に

- 最後にこの見開きのまとめとして、特に対象年齢に応じて心得ておきたいポイントを解説しています。自分のクラスの子どもたちと重ね合わせて、イメージしてみましょう。

子どもとつくる　準備

★衣装や小道具作りも、子どもたちといっしょに楽しんでしましょう。

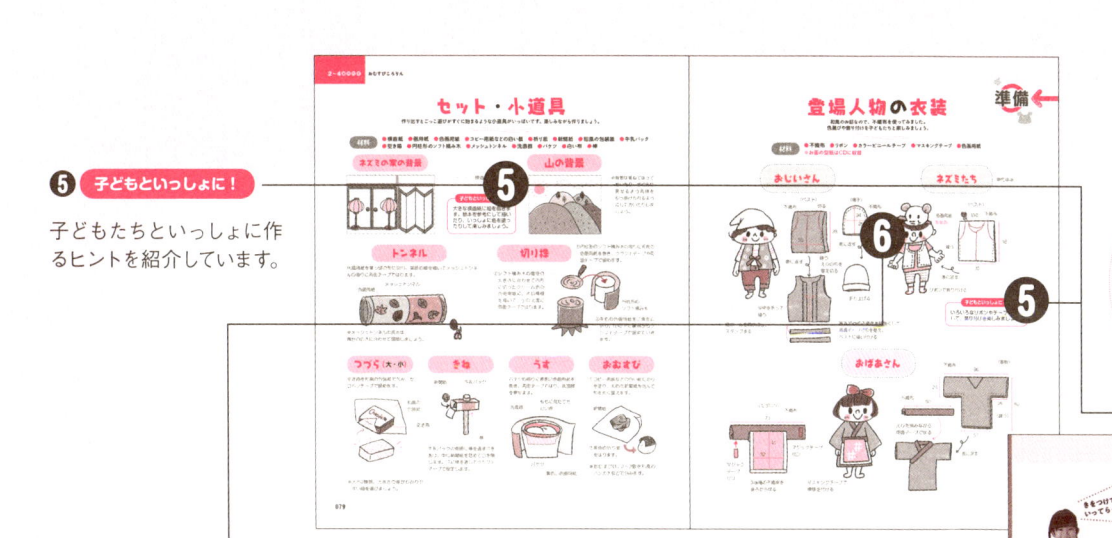

❺ **子どもといっしょに！**
子どもたちといっしょに作るヒントを紹介しています。

❻ **型紙PDFデータ**
お面は、CDに型紙PDFデータが入っています。

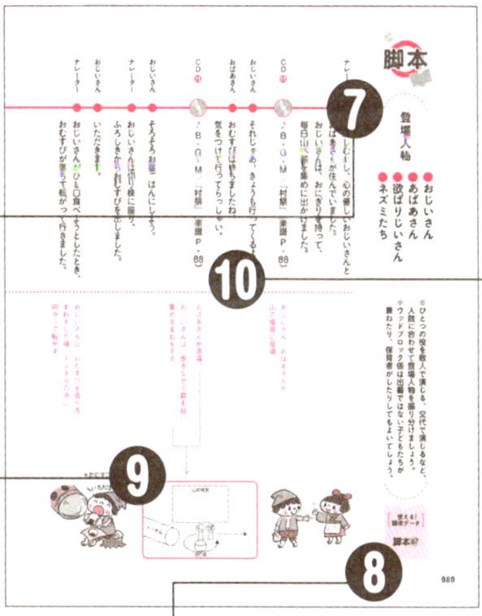

❼ **配役とクラスの人数の振り分け方　4か条**
こうすればなんとかなる！
● ひとつの役を数人でいっしょに演じる。
● ひとつの役を交代して演じる。
● 絵本には出てこない動物や人物を増やす。
● 人数が少ないときは、ひとりが何役も演じる。
※クラスの全員がなんらかの役で出られるようにしましょう。
※たくさん遊んでいると、子どもたちからもアイディアが出てきます。

❾ **場面全体図**
場面ごとの立ち位置、動きがわかりやすく図示しています。

子どもとつくる　脚本

★子どもが演じやすい脚本の一例です。遊びながら劇あそびを楽しみましょう。

❽ **脚本Wordデータ**
子どもといっしょにどんどん作り変えられるように、WordデータがCDに入っています。

子どもとつくる　使用曲

★子どもにとって身近な曲を紹介しています。子どもに合わせて変えていくとよいでしょう。

❿ **B.G.M&効果音**
使用曲は、CDに収録されています。掲載の曲に限らず、今まで歌ってきた曲や知っている曲、手遊びなどに歌詞を付けたり変更したりして入れていきましょう。登場人物ごとに歌を決めたり、何かの動きのときにうたったりしていくとよいでしょう。

029

0〜5歳児　子どもとつくろう！
ワクワク劇あそび

（ウルトラCDつき）

もくじ
対応曲もすぐわかる！

- いっしょに作ろう！　アイディア衣装 ……………………………… 2
- 子どもといっしょに！　劇あそび　衣装について考えてみましょう ……… 24

子どもとつくる楽しい劇あそびのヒント
- その1　3つのポイント ……………………………… 25
- その2　何からどうしていけばよいかのシミュレーション ……… 26
- その3　劇のイメージを楽しく広げていっぱい遊ぼう！ ……… 28

🎵 B.G.M＆効果音

0〜1歳児　いない いない ばあ あそび …… 32
- お話のポイント ……………………… 32
- 絵本から劇あそびへ保育の流れ： ……… 32
  - まねっこしてみよう／返事をしよう
- 準備：登場人物の衣装／セット・小道具 ……… 33
- 脚本　34　　使用曲　37

01　B.G.M　むすんでひらいて

0〜1歳児　おつむ てん てん …… 38
- お話のポイント ……………………… 38
- 絵本から劇あそびへ保育の流れ： ……… 38
  - おつむてんてんやあわわの遊びを楽しもう／箱に入って遊ぼう
- 準備：登場人物の衣装／セット・小道具 ……… 39
- 脚本　40　　使用曲　43

02　B.G.M　ごんべさんのあかちゃん
03　B.G.M　ちょちょちょあわわ

1〜2歳児　とんとんとん …… 44
- お話のポイント ……………………… 44
- 絵本から劇あそびへ保育の流れ： ……… 44
  - 絵本を見よう／ドアを作って遊ぼう
- 準備：登場人物の衣装／セット・小道具 ……… 45
- 脚本　46　　使用曲　49

04　B.G.M　いとまきのうた
05　B.G.M　ハッピー・バースディ・トゥ・ユー

1〜2歳児　でんしゃにのって …… 50
- お話のポイント ……………………… 50
- 絵本から劇あそびへ保育の流れ： ……… 50
  - 絵本を見て楽しもう／電車ごっこをしよう
- 準備：登場人物の衣装／セット・小道具 ……… 51
- 脚本　52　　使用曲　55

06　B.G.M　げんこつやまのたぬきさん

2〜4歳児　てぶくろ …… 56
- お話のポイント ……………………… 56
- 絵本から劇あそびへ保育の流れ： ……… 56
  - 登場人物を決めよう／ニックネームを考えよう／「入れて」「いいよ」／はいポーズ
- 準備：登場人物の衣装／セット・小道具 ……… 58
- 脚本　59　　使用曲　63

07　B.G.M　おおきなくりのきのしたで

2〜4歳児　おおきなかぶ …… 64
- お話のポイント ……………………… 64
- 絵本から劇あそびへ保育の流れ： ……… 64
  - 掛け声で遊ぼう！／呼んだら来てね！／くっついて遊ぼう！／大きなカブを作ろう！／替え歌を作ろう！
- 準備：登場人物の衣装／セット・小道具 ……… 66
- 脚本　68　　使用曲　75

08　B.G.M　小さな庭
09　効果音　ポンッと抜けた音
10　効果音　やったーの音

2〜4歳児　おむすびころりん …… 76
- お話のポイント ……………………… 76
- 絵本から劇あそびへ保育の流れ ……… 76
  - せりふで遊ぼう！／転がして遊ぼう！／おむすびを作ろう！／おもちつきごっこ／なりきって遊ぼう！
- 準備：登場人物の衣装／セット・小道具 ……… 78
- 脚本　80　　使用曲　88

11　B.G.M　村祭
12　効果音　コロコロ転がる音
13　効果音　小さな物が落ちる音
14　効果音　ゴロゴロ転がる音
15　効果音　大きな物が落ちる音
16　B.G.M　十五夜さんのもちつき
17　B.G.M　怖い音『トッカータとフーガ』より
18　B.G.M　かごめ　かごめ
19　B.G.M　ねこふんじゃった

- 0〜1歳児　いない いない ばあ あそび …… 2
- 0〜1歳児　おつむ てん てん …… 3
- 1〜2歳児　とんとんとん …… 4
- 1〜2歳児　でんしゃにのって …… 5
- 2〜4歳児　てぶくろ …… 6
- 2〜4歳児　おおきなかぶ …… 8
- 2〜4歳児　おむすびころりん …… 10
- 3〜4歳児　おおかみと7ひきのこやぎ …… 11
- 3〜5歳児　サルとカニ …… 12
- 3〜5歳児　くすのきだんちは10かいだて …… 14
- 4〜5歳児　かさじぞう …… 16
- 4〜5歳児　金のがちょう …… 18
- 4〜5歳児　十二支のはじまり …… 20
- 4〜5歳児　ピーター・パン …… 22

- CDをお使いになる前に必ずお読みください …… 195
- 「ウルトラCD」の使い方 …… 195
- 本書に入っているデーター覧表 …… 196
- B.G.M＆効果音データ活用法 …… 197
- 脚本Wordデータ活用法 …… 198
- 型紙PDFデータ活用法 …… 199

030

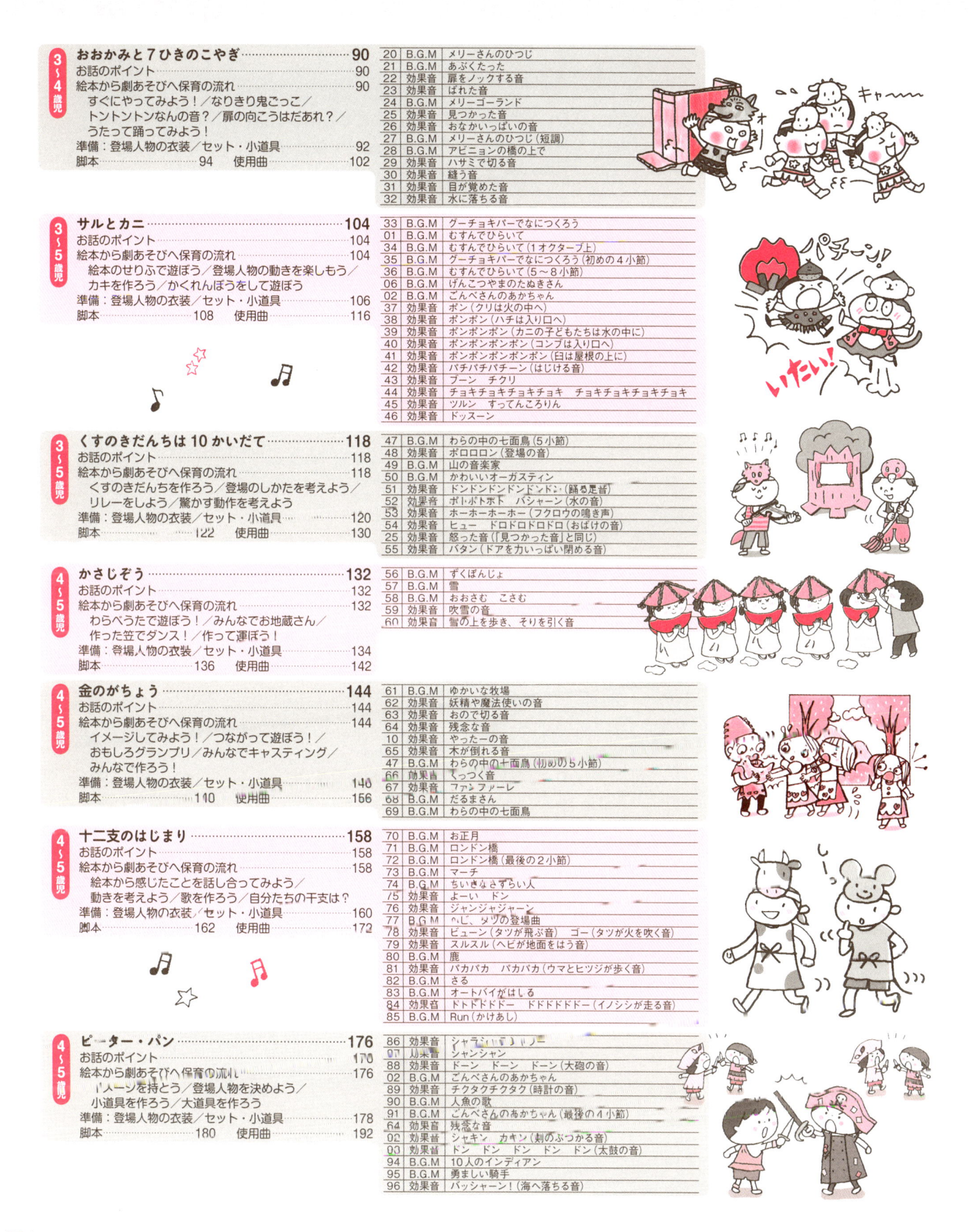

3〜4歳児	おおかみと7ひきのこやぎ ……………… 90
	お話のポイント …………………………… 90
	絵本から劇あそびへ保育の流れ ………… 90
	すぐにやってみよう！／なりきり鬼ごっこ／
	トントントンなんの音？／扉の向こうはだあれ？／
	うたって踊ってみよう！
	準備：登場人物の衣装／セット・小道具 … 92
	脚本　　　　　94　　使用曲　　　　102

3〜5歳児	サルとカニ ………………………………… 104
	お話のポイント ………………………… 104
	絵本から劇あそびへ保育の流れ ……… 104
	絵本のせりふで遊ぼう／登場人物の動きを楽しもう／
	カキを作ろう／かくれんぼうをして遊ぼう
	準備：登場人物の衣装／セット・小道具 … 106
	脚本　　　　108　　使用曲　　　　116

3〜5歳児	くすのきだんちは10かいだて ………… 118
	お話のポイント ………………………… 118
	絵本から劇あそびへ保育の流れ ……… 118
	くすのきだんちを作ろう／登場のしかたを考えよう／
	リレーをしよう／驚かす動作を考えよう
	準備：登場人物の衣装／セット・小道具 … 120
	脚本　　　　122　　使用曲　　　　130

4〜5歳児	かさじぞう ……………………………… 132
	お話のポイント ………………………… 132
	絵本から劇あそびへ保育の流れ ……… 132
	わらべうたで遊ぼう！／みんなでお地蔵さん／
	作った笠でダンス！／作って連ぼう！
	準備：登場人物の衣装／セット・小道具 … 134
	脚本　　　　136　　使用曲　　　　142

4〜5歳児	金のがちょう …………………………… 144
	お話のポイント ………………………… 144
	絵本から劇あそびへ保育の流れ ……… 144
	イメージしてみよう！／つながって遊ぼう！／
	おもしろグランプリ／みんなでキャスティング／
	みんなで作ろう！
	準備：登場人物の衣装／セット・小道具 … 146
	脚本　　　　148　　使用曲　　　　156

4〜5歳児	十二支のはじまり ……………………… 158
	お話のポイント ………………………… 158
	絵本から劇あそびへ保育の流れ ……… 158
	絵本から感じたことを話し合ってみよう／
	動きを考えよう／歌を作ろう／自分たちの干支は？
	準備：登場人物の衣装／セット・小道具 … 160
	脚本　　　　162　　使用曲　　　　172

4〜5歳児	ピーター・パン ………………………… 176
	お話のポイント ………………………… 176
	絵本から劇あそびへ保育の流れ ……… 176
	パーンを持とう／登場人物を決めよう／
	小道具を作ろう／大道具を作ろう
	準備：登場人物の衣装／セット・小道具 … 178
	脚本　　　　180　　使用曲　　　　192

No.	種別	タイトル
20	B.G.M	メリーさんのひつじ
21	B.G.M	あぶくたった
22	効果音	扉をノックする音
23	効果音	ばれた音
24	B.G.M	メリーゴーランド
25	効果音	見つかった音
26	効果音	おなかいっぱいの音
27	B.G.M	メリーさんのひつじ（短調）
28	B.G.M	アビニョンの橋の上で
29	効果音	ハサミで切る音
30	効果音	縫う音
31	効果音	目が覚めた音
32	効果音	水に落ちる音
33	B.G.M	グーチョキパーでなにつくろう
01	B.G.M	むすんでひらいて
34	B.G.M	むすんでひらいて（1オクターブ上）
35	B.G.M	グーチョキパーでなにつくろう 初めの4小節
36	B.G.M	むすんでひらいて（5〜8小節）
06	B.G.M	げんこつやまのたぬきさん
02	B.G.M	ごんべさんのあかちゃん
37	効果音	ポン（クリは火の中へ）
38	効果音	ポンポン（ハチは入り口へ）
39	効果音	ポンポンポン（カニの子どもたちは水の中に）
40	効果音	ポンポンポンポン（コンブは入り口へ）
41	効果音	ポンポンポンポンポン（臼は屋根の上に）
42	効果音	パチパチパチーン（はじける音）
43	効果音	ブーン　チクリ
44	効果音	チョキチョキチョキチョキ　チョキチョキチョキチョキ
45	効果音	ツルン　すってんころりん
46	効果音	ドッスーン
47	B.G.M	わらの中の七面鳥（5小節）
48	効果音	ポロロロン（登場の音）
49	B.G.M	山の音楽家
50	B.G.M	かわいいオーガスティン
51	効果音	ドンドンドンドンドン（踊る足音）
52	効果音	ポトポトポト（水の音）
53	効果音	ホーホーホーホー（フクロウの鳴き声）
54	効果音	ヒュー　ドロドロドロドロ（おばけの音）
25	効果音	怒った音（「見つかった音」と同じ）
55	効果音	バタン（ドアを力いっぱい閉める音）
56	B.G.M	ずくぼんじょ
57	B.G.M	雪
58	B.G.M	おおさむ　こさむ
59	効果音	吹雪の音
60	効果音	雪の上を歩き、そりを引く音
61	B.G.M	ゆかいな牧場
62	効果音	妖精や魔法使いの音
63	効果音	おので切る音
64	効果音	残念な音
10	効果音	やったーの音
65	効果音	木が倒れる音
47	B.G.M	わらの中の七面鳥（初めの5小節）
66	効果音	てっつく音
67	効果音	ファンファーレ
68	効果音	だるまさん
69	B.G.M	わらの中の七面鳥
70	B.G.M	お正月
71	B.G.M	ロンドン橋
72	B.G.M	ロンドン橋（最後の2小節）
73	B.G.M	マーチ
74	効果音	ちいきなさずらい人
75	効果音	よーい　ドン
76	B.G.M	ジャンジャーン
77	B.G.M	へび、ツの登場曲
78	効果音	ビューン（タツが飛ぶ音）　ゴー（タツが火を吹く音）
79	効果音	スルスル（ヘビが地面をはう音）
80	B.G.M	鹿
81	効果音	パカパカ　パカパカ（ウマとヒツジが歩く音）
82	B.G.M	さる
83	効果音	オートバイがはしる
84	効果音	ドドドドドー　ドドドドドー（イノシシが走る音）
85	B.G.M	Run（かけあし）
86	効果音	シャリンシャリン
87	効果音	シャンシャン
88	効果音	ドーン　ドーン　ドーン（大砲の音）
02	B.G.M	ごんべさんのあかちゃん
89	効果音	チクタクチクタク（時計の音）
90	B.G.M	人魚の歌
91	B.G.M	ごんべさんのあかちゃん（最後の4小節）
64	効果音	残念な音
02	B.G.M	ごんべさんのあかちゃん
92	効果音	シャキン　カキン（剣のぶつかる音）
93	効果音	ドン　ドン　ドン　ドン　ドン（太鼓の音）
94	B.G.M	10人のインディアン
95	B.G.M	勇ましい騎手
96	効果音	バッシャーン！（海へ落ちる音）

031

いない いない ばあ あそび

0〜1歳児向き

お話のポイント

0〜1歳児が大好きな「いない いない ばあ」の繰り返しはとても楽しい遊びです。保育者と向い合って楽しんだり、いろいろな顔をまねしてみたりして、楽しく遊べます。

絵本から劇あそびへ保育の流れ

0、1歳児の子どもには、簡単な繰り返しの動きや言葉を取り入れていきましょう。いないいないばあは、どのような場面でも使えます。見て楽しみ、演じて楽しんでいきましょう。

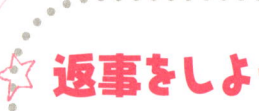

返事をしよう

名前を呼ばれたら、手を上げたり返事をしたり首を振ったり、ひとりひとりの反応に対して、がんばっていることを褒めてあげましょう。

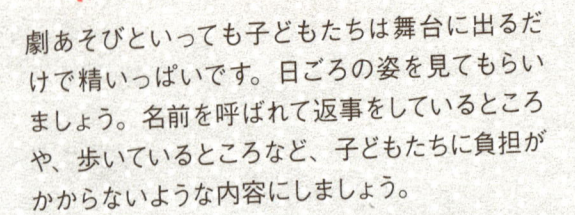

まねっこしてみよう

「いない いない ばあ」の繰り返しを楽しみましょう。保育者がハンカチや絵本を使って、いないいないばあをするなど、アレンジをして遊んでみましょう。

子どもたちの姿を大切に

劇あそびといっても子どもたちは舞台に出るだけで精いっぱいです。日ごろの姿を見てもらいましょう。名前を呼ばれて返事をしているところや、歩いているところなど、子どもたちに負担がかからないような内容にしましょう。

0〜1歳児向き　いない いない ばあ あそび

準備

登場人物の衣装

子どもたちが笑顔で登場するだけで、保護者はうれしいもの。
動きのじゃまにならず、かわいらしさの出る羽を背中に付けるといいでしょう。

材料 ●色画用紙　●布粘着テープ　※羽の型紙は、CDに収録

子どもたち

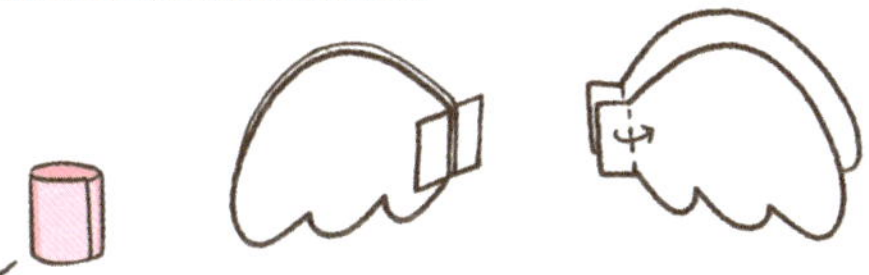

白色画用紙を羽の形に切り、はりしろを折って、2枚はり合わせる。型紙01

輪にした布粘着テープで背中にはる

子どもといっしょに！
いろいろな色を用意して、子どもが好きな色を選んでもいいですね。

セット・小道具

子どもたちが楽しめると同時に、会場の保護者にもわかるペープサートを作ります。
差し込む台は、段ボール箱にちょこっと工夫を加えて作ります。

材料 ●色画用紙　●厚紙　●ラップの芯　●段ボール　●段ボール箱
※ペープサートの型紙は、CDに収録

ペープサート

①厚紙に色画用紙で作った動物（イヌ、ウサギ、クマ　など）をかく。もしくは、型紙PDFを出力して色を塗って画用紙にはる。

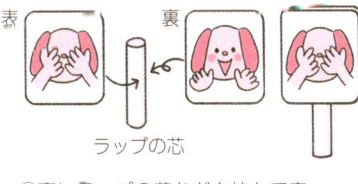

〈ワンちゃん〉A4
表 型紙02　裏 型紙03

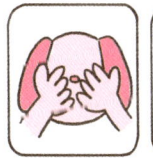

〈ウサちゃん〉A4
表 型紙04　裏 型紙05

表　裏
ラップの芯

②裏にラップの芯などを挟んで表と裏をはり合わせる。

〈クマさん〉A3
表 型紙06　裏 型紙07

花

※前に置く花のみ、ペープサートを立てるしかけ（①②）を作ります。

①ラップの芯の直径より、ひと回り大きめの正方形の穴をあける。

②細長く切った段ボールを折り、交差させて、差し込む

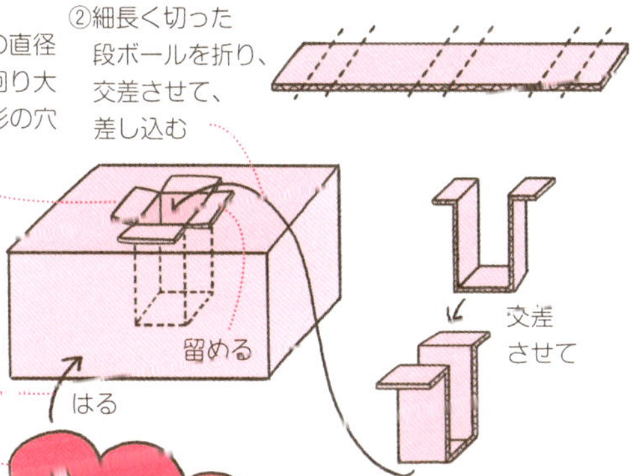

中におもしを入れた段ボール箱にクラフトテープではり付ける。

留める

交差させて

段ボールに緑色や黄緑色の色画用紙をはる。

はる

画用紙で作った花を表にはる。

子どもといっしょに！
花を用意して子どもたちといっしょにはってもいいですね。

033

脚本

登場人物
● 子どもたち

※何チームかに別れて、保育者といっしょに登場します。

[使える！脚本データ]
脚本①

CD ①	♪ B・G・M／『むすんでひらいて』（楽譜 P.37）
ナレーター	野原で子どもたちがかくれんぼをしています。名前を呼んだら、出て来てね。
ナレーター	○○ちゃーん
子どもと保育者	はーい
ナレーター	○○くーん
子どもと保育者	はーい
ナレーター	○○ちゃーん
子どもと保育者	はーい

保育者が返事をしながら、花の後ろから子どもといっしょに出て、舞台にあるイスに座る。

保育者が返事をしながら、子どもといっしょに違う花から出て来て、イスに座る。

保育者が返事をしながら、子どもといっしょに違う花から出て来て、イスに座る。

※クラスの人数に合わせて行なう。

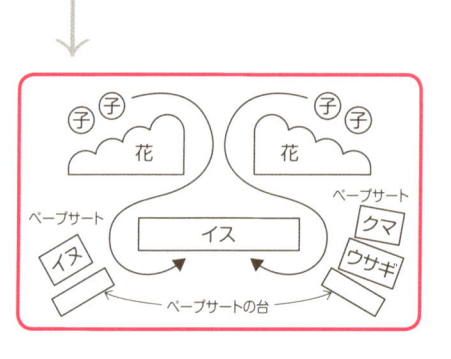

0～1歳児向き　いない いない ばあ あそび

ナレーター

かくれんぼしていた子どもたちが、
みーんな出てきましたね。
今日は動物たちが、みんなに会いたいって、
遊びに来てくれましたよ。

ワンちゃーん

あれれ？　顔を隠したままだね。
ワンちゃーん　恥ずかしいのかな？

そうだ、おまじないのことばを
言ってみよう

いない　いない　ばあ

かわいいワンちゃんだね

次のお友達は、ウサちゃーん

ウサちゃんも顔を隠しているね。
みんなでいっしょに

いない　いない　ばあ

ウサちゃんかわいいね

イヌのペープサートを出す。

ペープサートを裏返す。

ウサギのペープサートを出す。

ペープサートを立て掛ける。

ウサちゃんの手を下ろし、顔を出す。

ペープサートを立て掛ける。

035　いない いない ばあ あそび

脚本

ナレーター

次はクマさーん
クマさんも顔を隠したままだね。
みんなでいっしょに

いない　いない　ばあ

クマさんかわいいね
みんなもいない　いない　ばあ
できるかな？

いない　いない　ばあ

じょうずにできたね。
そろそろ　お散歩に出かけましょう。

ばいばーい

CD 01

♪B・G・M／『むすんでひらいて』
（楽譜P.37）

クマのペープサートを出す。

ペープサートを裏返す。

ペープサートを立て掛ける。

みんなでいないいないばあをする。

保育者といっしょに手を振りながら退場する。

むすんでひらいて

0~1歳児向き いない いない ばあ あそび

CD 01 P.34・36で使用

使用曲

作詞不詳　作曲：J.J.ルソー　編曲：永井裕美

おつむてんてん

0〜1歳児向き

お話のポイント

子どもたちの好きな繰り返しの遊びです。絵本とわらべうたと組み合わせて楽しめます。

『おつむ てん てん』
作/なかえよしを　絵/上野紀子
発行/金の星社

絵本から劇あそびへ保育の流れ

0、1歳児の子どもは、繰り返しが大好きです。保育者といっしょにまねすることを楽しみます。また、箱やカゴがあればしぜんと足が入り座っています。子どもたちの好きな物を取り入れ、ふだんの生活をアレンジして取り組めるようにしましょう。

箱に入って遊ぼう

子どもたちは箱やカゴに入るのが大好きです。箱の周りに紙をはり、車や電車に見たてるだけで楽しく遊べます。ひとりずつ専用の乗り物を用意して、安全に気をつけながら遊びましょう。

おつむてんてんやあわわの遊びを楽しもう

わらべうたや絵本に出てくる繰り返しの言葉を、保育者が中心になって遊びましょう。保育者の姿を見て、子どもたちもまねをするようになります。

子どもたちの姿を大切に

日ごろの遊びを組み立てて、見てもらいましょう。泣いていても動かなくても初めての舞台です。その場に登場できただけでも貴重な経験です。

登場人物の衣装

ベストは子どもがわずらわしくないように、後ろでリボンで結べるようにしています。
ベストだけ、帽子だけ、しっぽだけでも楽しめます。

材料 ●カラー帽子（白色） ●不織布 ●色画用紙 ●カラー布粘着テープ ●平ゴム　※型紙はCDに収録

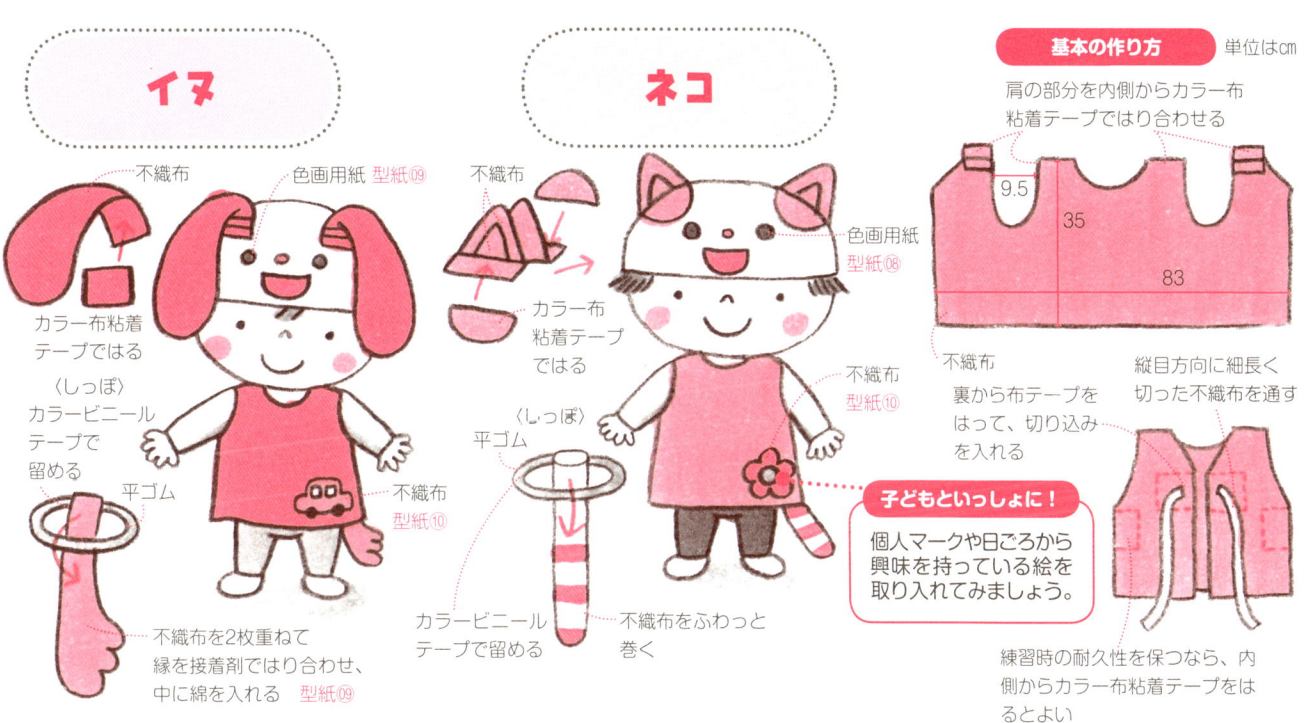

イヌ

- 不織布
- 色画用紙　型紙09
- カラー布粘着テープではる
- 〈しっぽ〉カラービニールテープで留める
- 平ゴム
- 不織布　型紙10
- 不織布を2枚重ねて縁を接着剤ではり合わせ、中に綿を入れる　型紙09

ネコ

- 不織布
- カラー布粘着テープではる
- 色画用紙　型紙08
- 不織布　型紙10
- 〈しっぽ〉平ゴム
- カラービニールテープで留める
- 不織布をふわっと巻く

子どもといっしょに！
個人マークや日ごろから興味を持っている絵を取り入れてみましょう。

基本の作り方　単位はcm

- 肩の部分を内側からカラー布粘着テープではり合わせる
- 9.5
- 35
- 83
- 不織布
- 裏から布テープをはって、切り込みを入れる
- 縦目方向に細長く切った不織布を通す

練習時の耐久性を保つなら、内側からカラー布粘着テープをはるとよい。

セット・小道具

子どもが大好きな段ボール箱の車です。ふだんからの遊びの延長で楽しめますね。

材料 ●段ボール箱 ●色画用紙 ●ひも

車

- 持ち手
- 車のライトやタイヤなどを、色画用紙を切ってはる。

〈0歳児用〉
段ボール箱の上を切り離し、色画用紙をはる。
乗るときは、子どもは中で座り、保育者が押す。

〈1歳児用〉
段ボール箱の上下を切り離し、色画用紙をはる。
乗るときは、子どもは中に入り、持ち手を持って進む。

子どもといっしょに！
車の模様に、写真をはったり、子どもの手形を押したりすると、「自分の」がわかり、より楽しくなりますね。

脚本

登場人物
- ネコ
- イヌ

※ネコとイヌの人数が同じにならなくても、子どもが好きなほうをするとよいでしょう。

[使える！脚本データ] **脚本02**

CD02	♪B.G.M／『ごんべさんのあかちゃん』（楽譜P.43）	
ナレーター	かわいい動物さんたちが、ドライブです。プープー	段ボール箱で作った車に乗って登場。舞台中央へ。
保育者と子ども	少し休憩をしましょう。動物さんたち　おはようございます。	
ナレーター	かわいい動物さんたちの名前を呼んでみましょう。○○ちゃーん	
子どもと保育者	はーい	※保育者もいっしょに返事をする。
ナレーター	△△くーん	
子どもと保育者	はーい	※保育者もいっしょに返事をする。※全員の名前を順番に呼ぶ。

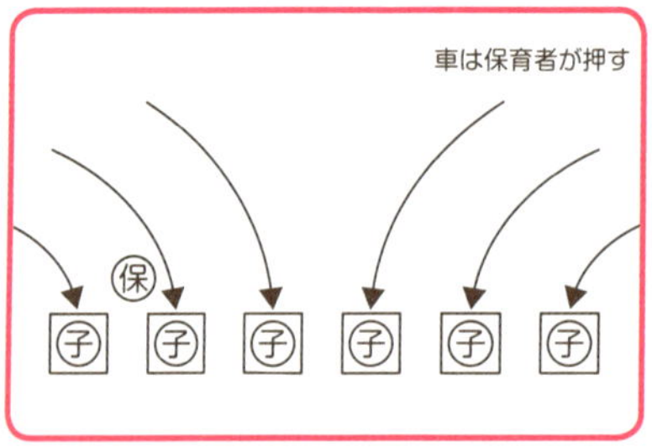

車は保育者が押す

は〜い！

0〜1歳児向き　おつむ てんてん

ナレーター

じょうずにお返事できましたね。
今日は、みんなの大好きな
おつむてんてんをしましょうね。

みんなで　おつむてんてん
おくちは　あわわ
○○ちゃんと△△ちゃんのおくち
おおきなおくち　あわわ

□□ちゃんと☆☆ちゃんが
それみて　まねた
おつむてんてん　おくちは　あわわ
□□ちゃんと☆☆ちゃんのおくち
おおきなおくち　あわわ

●●ちゃんと▽▽ちゃんが
それみて　まねた
おつむてんてん　おくちは　あわわ
●●ちゃんと▽▽ちゃんのおくち
おおきなおくち　あわわ

じょうずにできましたね
次は、ちょっと歌に合わせて
遊んでみましょう。

みんなで、おつむてんてん、
おくちあわわをする。

子どもの名前を呼んで、いっしょに
する。

次の子どもの名前を呼んで、
いっしょにする。

次の子どもの名前を呼んで、
いっしょにする。

041

脚本

CD 03

♪B・G・M／『ちょちちょちあわわ』
（楽譜P.43）

ちょちちょち　あわわ
かいぐりかいぐり　とっとのめ
おつむてんてん　ひじぽんぽん

ナレーター

とてもじょうずにできましたね。
あー大変。ドライブの途中だったね。
それでは　みなさん　ばいばーい

CD 02

♪B・G・M／『ごんべさんのあかちゃん』
（楽譜P.43）

退場する。

①ちょちちょち —— 2回拍手をする
②あわわ —— 両手を口へ2回当てる
③かいぐりかいぐり —— 2回かいぐりをする
④とっとのめ —— 左手のひらを、右手のひとさし指で2回つつく
⑤おつむてんてん —— 両手で頭を軽くたたく
⑥ひじぽんぽん —— ひじを軽く2回たたく

バイバーイ

042

0〜1歳児向き　おつむ てん てん

CD 02　P.40・42で使用

ごんべさんのあかちゃん

作詞不詳　外国曲　編曲：永井裕美

CD 03　P.42で使用

ちょちちょちあわわ

わらべうた　編曲：渚 智佳

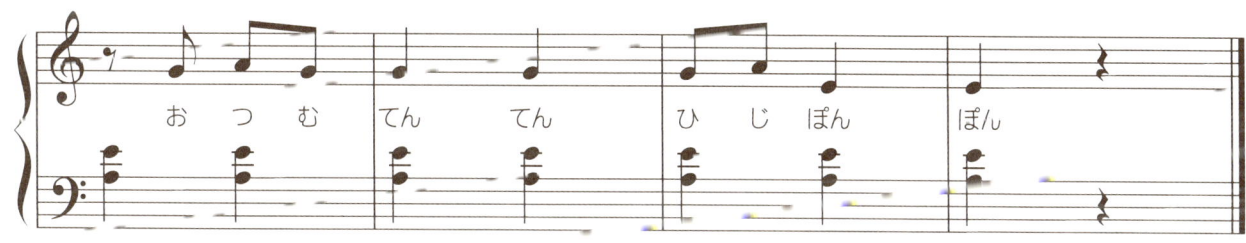

ちょ ち ちょ ち／あ わ わ／か い ぐり か いぐり／とっ と の め

お つ む／てん　てん／ひ じ ぽん／ぽん

043

とんとんとん

1〜2歳児向き

お話のポイント

トントントンとドアをたたいて、出て来た相手とのやりとりを繰り返すお話です。簡単なせりふや動きが楽しめます。

『とんとんとん』
作・絵／あきやまただし
発行／金の星社

絵本から劇あそびへ保育の流れ

2歳児になると、簡単なせりふや会話ができるようになります。絵本の中に出てくる繰り返しの言葉をみんなで言う楽しさを知らせていきましょう。

ドアを作って遊ぼう

板段ボールなどでドアを作り、出入りやあいさつなどのやりとりをして、遊んでみましょう。
「○○ちゃんのおうちに遊びに来た」「不思議なドア」など、いろいろな内容を考えてみます。

絵本を見よう

絵本を見て、気に入った場面をまねしてみましょう。
「トントントン」
ドアから出て来る動物たちや登場人物のしぐさなどを、子どもたちの興味があるものに置き換えながら取り入れてみると楽しくなります。

子どもたちの姿を大切に

2歳児くらいになると、簡単な会話のやりとりが楽しめるようになります。繰り返しの動きやせりふなどで、子どもたちも劇あそびに取り組みやすいでしょう。

1~2歳児向き　とんとんとん

登場人物の衣装

色選びや模様付けを子どもたちと楽しみましょう。
保育者の衣装は、基本は同じで簡単な工夫で見栄えを変えています。

準備

材料 ●カラーポリ袋　●カラービニールテープ　●丸シール　●輪ゴム　●セロハンテープ
※お面の型紙はCDに収録

カバ［保育者］

- 色画用紙　型紙⑪
- 丸シール
- ふっくら見えるように角をセロハンテープで留める

基本の作り方
- カラーポリ袋
- 切る

子どもたち

基本の作り方　単位はcm
- 肩部分をセロハンテープで留める
- 32 / 16 / 76
- カラーポリ袋
- 表と裏にビニールテープをはって、切り込みを入れる。細長く切ったカラーポリ袋を通して結ぶ。
- カラービニールテープ

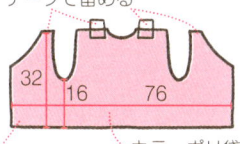

子どもといっしょに！
カラービニールテープを短く切ったものや丸シールを用意し、子どもがはるといいですね。

クマ［保育者］

- 色画用紙　型紙⑭
- 切り込みを入れて折り、縁にカラービニールテープをはる
- カラーポリ袋でリボンを作る

ウサギ［保育者］

- 色画用紙　型紙⑫
- カラーポリ袋を切って、フリルをはる

おばけ

- 色画用紙　型紙⑬
- 白色ポリ袋を2枚はり合わせる
- 波形に切る
- 斜めに折って、切り取る
- 両角に輪ゴムをはり付ける

背景

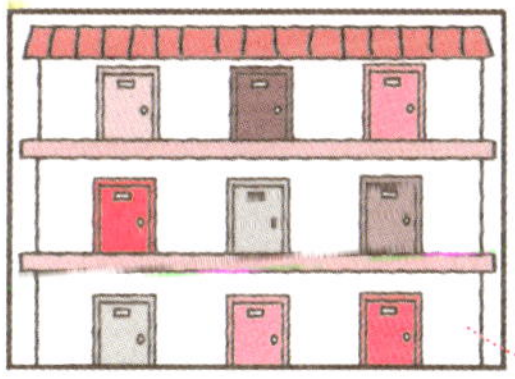

- 模造紙

ドア

① 段ボールを数枚重ねてはり、じょうぶにする。
② 色画用紙をはる。場面に合わせて緑・茶・ピンク・黄色のドアを作る。

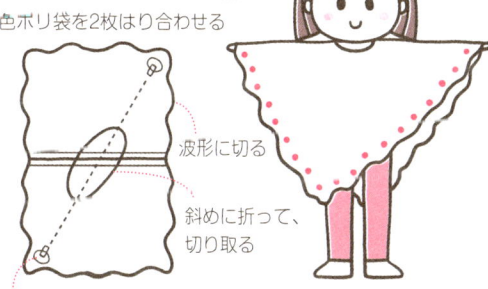

セット・小道具

いろいろな色の扉が登場します。
「何色のドアがいいかな？」などと話しながら作ると楽しいです。

材料 ●模造紙　●段ボール　●段ボール箱　●色画用紙

045

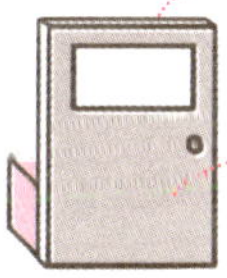

脚本

登場人物

- 子どもたち
- クマ（保育者）
- カバ（保育者）
- ウサギ（保育者）
- おばけ（保育者）

※何人かずつ交代で登場します。

ナレーター	○○組にお手紙が届きました。クマさんからです。お手紙には「ぼくんちに　あそびにきて」と書いてありました。みんなで遊びに行くことにしました。
CD 04	♪B・G・M／『いとまきのうた』（楽譜P・49）
ナレーター	マンションに着いたけど、ドアがいっぱいです。緑色のドアをたたいてみましょう。
子どもたち	とんとんとん　クマさーん。
カバ（保育者）	おや　だれだいきみ
子どもたち	ぼくは　クマじゃないよ。
カバ（保育者）	ごめんなさい。まちがえました。
子どもたち	いいえ　どういたしまして　クマくんの部屋は　2階だよ。
カバ（保育者）	ありがとう　カバさん。
ナレーター	子どもたちは歩いて2階へ行きました。

ト書き（赤字）

- 4人くらいの子どもたちが登場。ドアを3つ出す（それぞれのドアの後ろに、カバ・ウサギ・おばけが隠れておく）。
- 緑色のドアをたたくまねをする。
- ドアの後ろから出る。
- 指で上をさす。

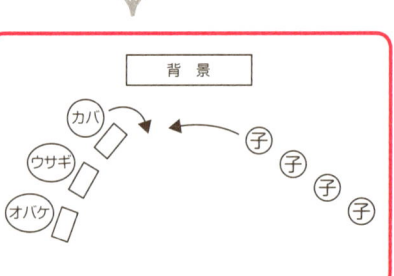

[使える！脚本データ] 脚本03

1〜2歳児向き　とんとんとん

	セリフ	演出
CD 04	♪B・G・M／『いとまきのうた』（楽譜P・49）	
ナレーター	2階にもドアがたくさんあります。茶色のドアをたたいてみましょう。	歩いて舞台そでへ行き、次の友達が登場。
子どもたち	とんとんとん　クマさーん。	茶色のドアをたたくまねをする。
ウサギ（保育者）	あーあーあー　いらっしゃい　歌のレッスンね　わたしはクマじゃないけど　どうぞ。	マイクを持って発声練習をしながら、ドアの後ろから出る。
子どもたち	ごめんなさい。まちがえました。	
ウサギ	いいえ　どういたしまして　クマくんの部屋は3階だよ。	指で上をさす。
子どもたち	ありがとう　ウサギさん。	
ナレーター	子どもたちは歩いて3階へ行きました。	歩いて舞台そでへ行き、次の友達が登場。
CD 04	♪B・G・M／『いとまきのうた』（楽譜P・49）	
ナレーター	3階にもドアがたくさんあります。ピンク色のドアをたたいてみましょう。	
子どもたち	とんとんとん　クマさーん。	ピンク色のドアをたたくまねをする。
おばけ	ぐあー！	ドアの後ろから勢いよく出て、驚かせる。
子どもたち	きゃーびっくりした。	

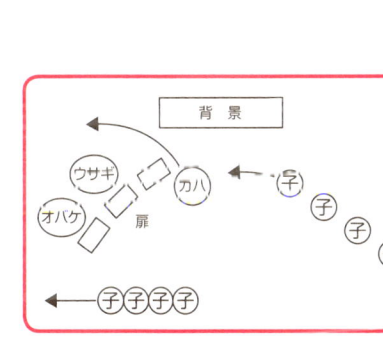

脚本

役	セリフ	ト書き
おばけ	クマさんは隣だよ。	怖い声で。顔を両手で隠しながら。
子どもたち	ありがとう。	
ナレーター	びっくりしたね。まさか おばけが住んでるなんてね。さあ 今度こそクマさんが出て来るといいね。黄色のドアをたたいてみましょう。	
子どもたち	とんとんとん クマさーん。	黄色いドアをたたくまねをする。
クマ（保育者）	待ってたよー。	黄色いドアを出す。ドアの後ろから勢いよく出る。
子どもたち	クマさんに会えて よかった。	
ナレーター	みんなは クマさんの部屋がわからなくて いっぱいドアをたたいたんだよ。無事に見つかってよかったね。	
クマ（保育者）	ごめんね。黄色いドアって言っておけばよかったね。	
ナレーター	きょうは クマさんのお誕生日です。みんなで誕生日の歌をうたってあげましょう。	全員が舞台に並び、手をつないで並ぶ。各園の毎月誕生日会でうたっているうたに合わせて、リズムに乗ったりうたったりする。
CD 05	♪ B・G・M／『ハッピー・バースディ・トゥ・ユー』（楽譜P・49）	
ナレーター	これで『とんとんとん』の劇あそびを終わります。	

子どもといっしょに！
誕生日の曲の一例です。ふだんの曲を使いましょう。

いとまきのうた

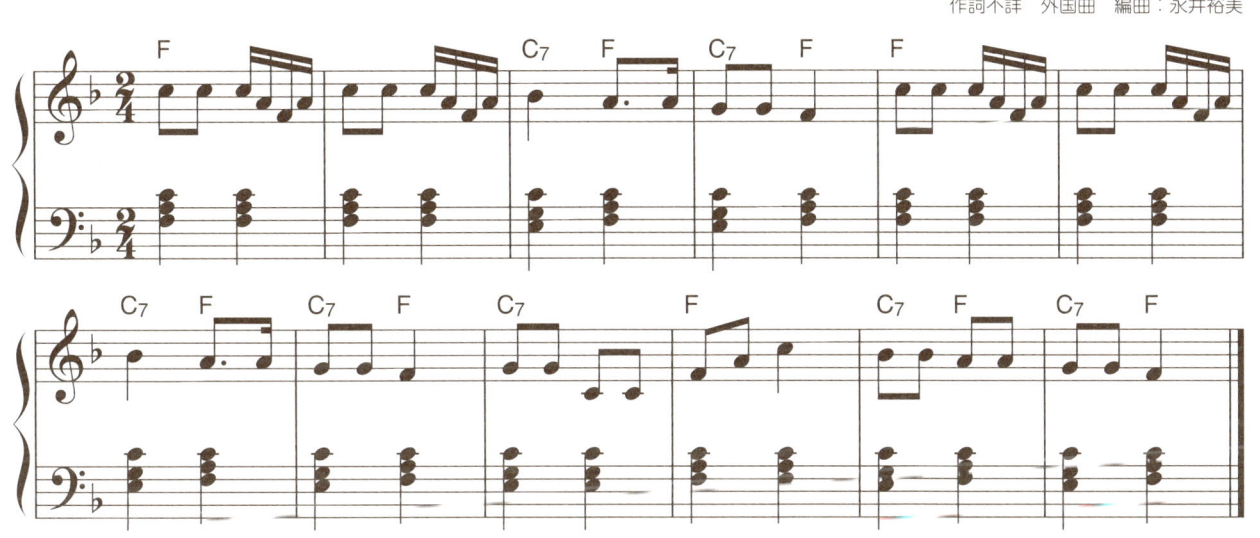

1~2歳児向き　とんとんとん

CD④
P.46・47で使用

作詞不詳　外国曲　編曲：永井裕美

ハッピー・バースディ・トゥ・ユー

CD⑤
P.48で使用

作詞・作曲：Patty Smith Hill、Mildred J.Hill　編曲：渚 智佳

でんしゃにのって

1～2歳児向き

お話のポイント

電車に乗ってくる動物たちのようすが、とても楽しいです。絵本ではうららちゃんが中心のお話ですが、低年齢には難しいと思われるので、子どもたちが動物になって電車に乗って出かけています。

『でんしゃにのって』
作・絵／とよたかずひこ
発行／アリス館

絵本から劇あそびへ保育の流れ

絵本を読んだ後、電車に乗ってくる動物の動きやせりふをまねしてみましょう。その姿をよく観察しておき、おもしろい動きや新しいせりふなどが出てきたら、脚本の中に取り入れていきましょう。

電車ごっこをしよう

手作りイスや長積み木などを並べ、電車に乗ったり降りたりして遊びましょう。
電車のアナウンスをまねしてみたり、みんなで歌や手遊びをしたりして、楽しみましょう。

絵本を見て楽しもう

「ガタゴトー」「おじゃまします」など、繰り返し出てくる言葉を、絵本を見ながらいっしょに言ってみましょう。
絵本を見ると、しぜんと言葉が出てくるようになります。

子どもたちの姿を大切に

子どもの年齢や発達によっては、せりふや動きを増やしてみましょう。子どもたちのふだんの姿を取り入れると、無理なく構成できます。保育者主導でいっしょに楽しみながら進めてきましょう。

050

1～2歳児向き　でんしゃにのって

登場人物の衣装

準備

バルーン型のかわいい衣装です。どの動物も作り方は同じです。
動物によって色を変えましょう。

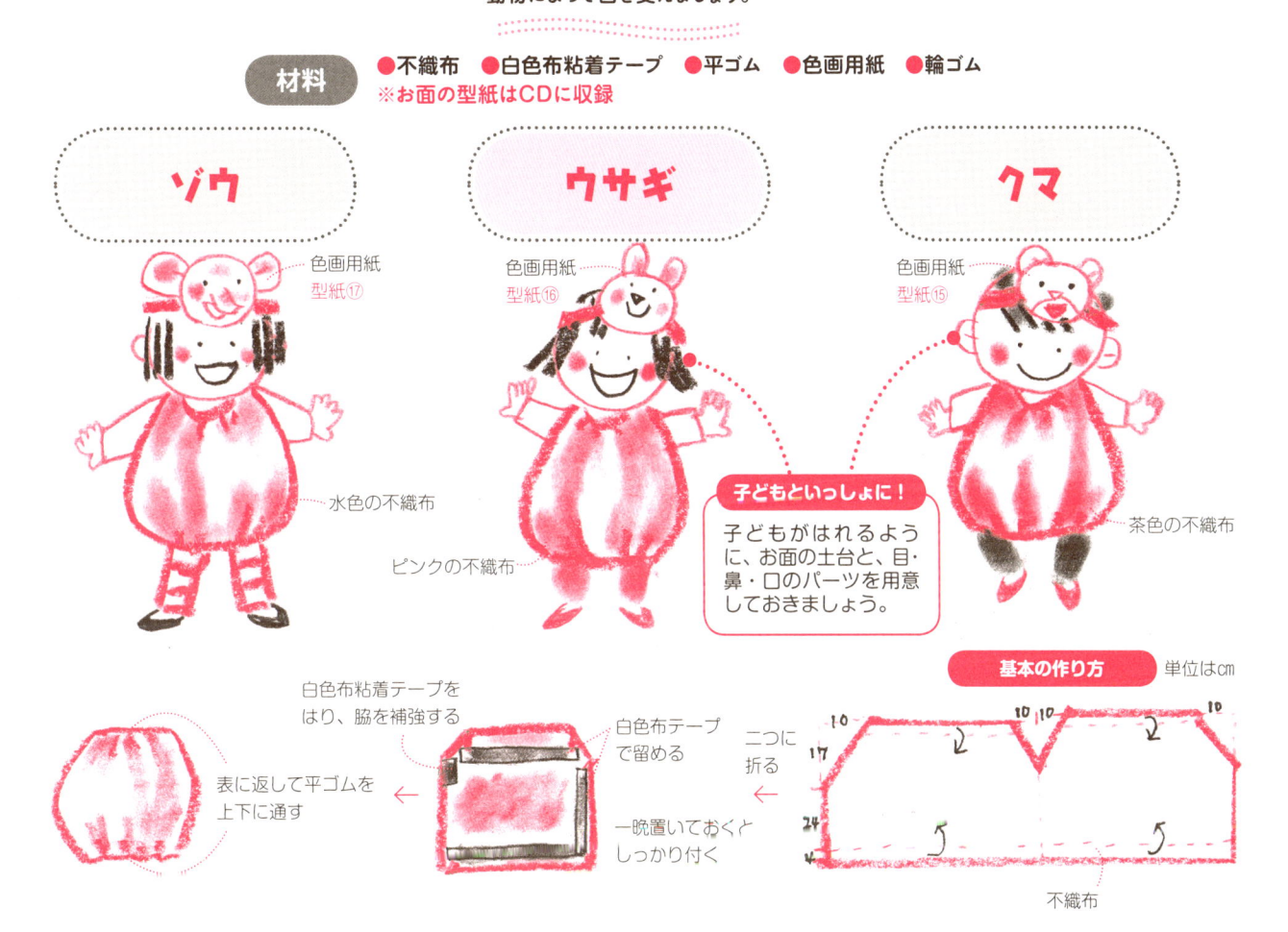

材料　●不織布　●白色布粘着テープ　●平ゴム　●色画用紙　●輪ゴム
※お面の型紙はCDに収録

ゾウ
色画用紙
型紙⑰
水色の不織布

ウサギ
色画用紙
型紙⑯
ピンクの不織布

クマ
色画用紙
型紙⑮
茶色の不織布

子どもといっしょに！
子どもがはれるように、お面の土台と、目・鼻・口のパーツを用意しておきましょう。

白色布粘着テープをはり、脇を補強する

白色布テープで留める

表に返して平ゴムを上下に通す

一晩置いておくとしっかり付く

基本の作り方　単位はcm

二つに折る

10　10　10　2　10
17　　　　2
24　　5　　　　5

不織布

セット・小道具

舞台は電車の中。電車が出発、到着を繰り返すごとのワクワク感を感じられるようにしたいですね。

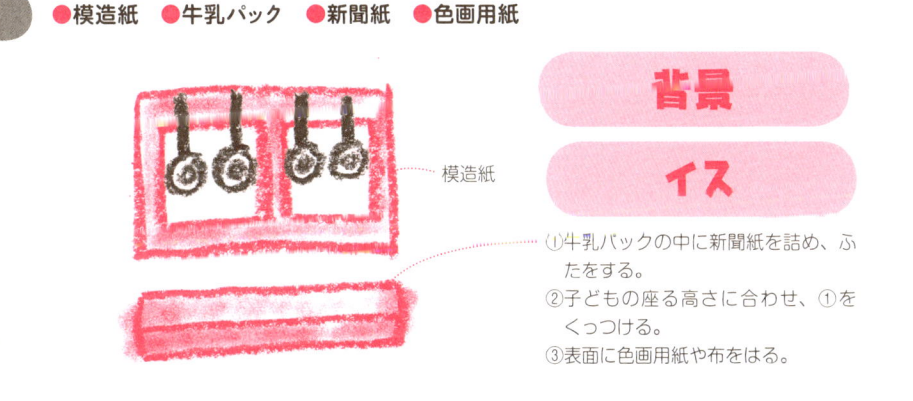

材料　●模造紙　●牛乳パック　●新聞紙　●色画用紙

背景

模造紙

イス

①牛乳パックの中に新聞紙を詰め、ふたをする。
②子どもの座る高さに合わせ、①をくっつける。
③表面に色画用紙や布をはる。

そのほかの準備物　●トライアングル

脚本

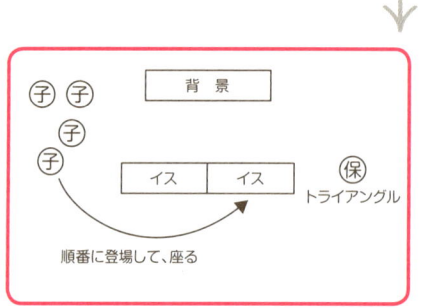

登場人物
- クマ
- ウサギ
- ゾウ

※それぞれの駅で動物たちが乗ってきます。クラスの人数によって、ほかの動物を増やしてもいいでしょう。

[使える！脚本データ] **脚本④**

ナレーター	今日は電車に乗って出かけよう。降りる駅は「ここだ」駅。	
全員	さあ　出発進行。	トライアングルを持った保育者が登場。
ナレーター	ガタゴトー　ガタゴトー　ガタゴトー　ガタゴトー	トライアングルを鳴らす。
クマ	次は　クマだー　クマだー。	
ナレーター	おじゃまします。	トライアングルを鳴らす。
	出発しまーす。	
全員	ガタゴトー　ガタゴトー　ガタゴトー　ガタゴトー	電車に乗り、イスに座る。
ナレーター	次は　ウサギだー　ウサギだー。	トライアングルを鳴らす。
ウサギ	おじゃまします。	
ナレーター	出発しまーす。	
全員	ガタゴトー　ガタゴトー　ガタゴトー　ガタゴトー	電車に乗り、イスに座る。
ナレーター	次は　ゾウだー　ゾウだー。	トライアングルを鳴らす。

背景／イス　イス／子　子　子／�保 トライアングル
順番に登場して、座る

052

1〜2歳児向き　でんしゃにのって

ゾウ：おじゃまします。

ナレーター：少し詰めてお座りください。出発しまーす。

全員：ガタゴトー　ガタゴトー　ガタゴトー　ガタゴトー　ガタゴトー　ガタゴトー

ナレーター：次は ここだ ここだ 終点です。みんな到着したよ。全員そろっているかな？ひとりずつ名前を呼んでみましょう。

子ども：○○ちゃん

ナレーター：はーい

子ども：△△くん

ナレーター：はーい

子ども：全員そろっているね。さあ　何して遊ぼうかな。歌をうたったり体操をしたりして遊ぶ？

電車に乗り、イスに座る。

順番に名前を言う。

子どもたちの好きな歌、手あそび、体操などをする。

脚本

CD 06

♪ B・G・M／
『げんこつやまのたぬきさん』
（楽譜 P.55）

げんこつやまの　たぬきさん
おっぱいのんで　ねんねして
だっこして　おんぶして
またあした

子どもといっしょに！
一例の手あそびです。クラスで楽しんでいる、体操やダンス、歌などを取り入れましょう。

ナレーター
楽しかったね。
そろそろおうちへ帰りましょう。
さあ　電車に乗って　出発。

全員
ガタゴトー　ガタゴトー
ガタゴトー　ガタゴトー

退場する。

① げんこつやまの　たぬきさん
握りこぶしを、交互に重ねる

② おっぱいのんで
口元でおっぱいを飲むしぐさをする

③ ねんねして
両手を合わせてほほに付ける

④ だっこして
赤ちゃんをだっこするしぐさをする

⑤ おんぶして
おんぶするしぐさをする

⑥ またあし
かいぐりをする

⑦ た
両手を上にあげる

054

1～2歳児向き　でんしゃにのって

げんこつやまのたぬきさん

CD06 P.54で使用

わらべうた　編曲：永井裕美

げん こつや まの たぬき さん おっ ぱい のん で

ねん ねして だっ こし ておん ぶして また あした

お話のポイント

森の中に手袋の片方が落ちていました。最初にネズミが見つけて手袋の中に入りました。とても温かかったので、手袋の中に住むことに決めたところ、次々と動物たちがやって来ました。「○○して」「いいよ」という友達とのやりとりが楽しめます。

2〜4歳児向き

てぶくろ

絵本から劇あそびへ保育の流れ

会話のやりとりやダンスなどで、子どもたちが楽しく演じられるようにしましょう。

登場人物を決めよう

どのような動物になって手袋の中に入りたいか、子どもたちといっしょに考えてみましょう。
好きな動物や身近な動物など、子どもたちの興味があれば、劇あそびも取り組みやすいです。
子どもたちから出てこない動物の名前と動きを知らせたり、図鑑を見たりして、ほかの動物にも関心が持てるように選択肢を広げてもいいですね。

「ウサギがいい！」
「リスは？」

2〜4歳児向き　てぶくろ

ニックネームを考えよう

動物が決まったら、脚本に出てくる「チューチューネズミ」「ピョンピョンウサギ」のような、動物の動きや特徴を表した言葉を考えてみましょう。子どもならではの名前が出てくることでしょう。

チューチュー
ネズミさんは何かな？
チュッチュッ

「入れて」「いいよ」

遊びの中で「入れて」「いいよ」を取り入れてみましょう。
劇あそびが盛り上がってくると、しぜんに子どもたちから言葉が出てくるようになるはずです。

いれて
いいよ

はいポーズ

ポーズを決めく、みんなで見せ合って遊んでみましょう。いろいろなポーズの中から、自分がやりたい、やって見たいと思うものが出てくるはずです。ポーズが決まったら鏡で見てみるのも楽しいです。

あったかいね
あったか〜い〜

子どもたちの姿を大切に

年齢やクラスの状態によって、せりふや動きを調節しましょう。動物ごとに登場曲を変えてみるのもいいです。

057

登場人物の衣装

基本は、カラー帽子とポリ袋のカラフルな衣装です。
耳の形、服の模様はどうしようかなど話しながら、楽しく作りましょう。

材料 ●カラーポリ袋 ●カラー帽子 ●不織布 ●色画用紙 ●モール ●カラービニールテープ ●キラキラテープ ●丸シール ※帽子にはる型紙は、CDに収録

ウサギ
- 色画用紙 型紙⑲
- 不織布
- カラー帽子
- 綿を不織布で包む
- 〈しっぽ〉毛糸でポンポンを作る

ネズミ
- 綿を不織布で包む
- 不織布 型紙⑱
- モール
- カラー帽子
- 〈しっぽ〉細く巻いた新聞紙をカラーポリ袋で包む
- カラービニールテープ
- セロハンテープで留める

基本の作り方
- 頭が通りやすいように、後ろに切り込みを入れる
- カラーポリ袋
- 下¼をカット
- ※ネズミ、タヌキ、ライオンのしっぽに使う
- すそは、ひだを寄せてセロハンテープで留める

子どもといっしょに！ キラキラテープや丸シールで好きな模様を付けます。

子どもといっしょに！ 布用のフェルトペンで好きな模様を描くと楽しいです。

ライオン
- 色画用紙 型紙㉒
- 不織布
- 〈鼻〉綿
- カラービニールテープ
- カラー帽子
- 〈しっぽ〉巻く
- カラーポリ袋 裏側に折って留める
- 不織布を半分に折って切り込みを入れる
- カラービニール袋
- カラービニールテープ

パンダ
- 綿を不織布で包む
- 不織布 色画用紙 型紙㉑
- カラー帽子
- 〈しっぽ〉毛糸でポンポンを作る

タヌキ
- 綿を不織布で包む
- 不織布 型紙⑳
- 色画用紙
- カラー帽子
- 〈しっぽ〉残りのカラーポリ袋を半分に切り、両端を留める
- 綿
- しばる
- 角を折ってセロハンテープで留める
- カラービニールテープで模様を付ける

セット・小道具

大きな手袋をイメージして、みんなで模様を描くと楽しいでしょう。

材料 ●段ボール ●段ボール箱 ●色画用紙 ●牛乳パック ●新聞紙

イス
①牛乳パックの中に新聞紙を詰め、ふたをする。
②子どもの座る高さに合わせ、①をくっつける。
③表面に色画用紙や布をはる。

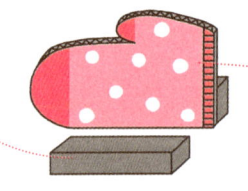

てぶくろ
①段ボールでてぶくろの形を作る。
②表面は、布や紙をはったり、色を塗ったりする。
③おもしを入れた段ボール箱にはり付ける。

準備

脚本

2〜4歳児向き　てぶくろ

登場人物
- ネズミ
- ウサギ
- タヌキ
- パンダ
- ライオン

※クラスの人数に合わせて、動物の振り分け方を調整したり、ほかの動物を増やしてみたりしてもいいでしょう。

[使える！脚本データ]
脚本⑤

ナレーター：森に手袋が落ちていました。だれかの落とし物のようです。おや？　手袋の近くにだれかがやってきました。

CD 07
♪B・G・M／『おおきなくりのきのしたで』
（楽譜P・63）

＞ネズミが登場。音楽に合わせてダンスをして、曲が終わったら正面を向いて並ぶ。

ナレーター：チューチューネズミが手袋を見つけました。

ネズミ：あったかそうだな。チューチュー。

＞腕を胸の前で交差して、左右に体を揺らす。

ナレーター：ネズミは手袋の中に入りました。

＞手袋の前に行く。

ネズミ：中に入ってみよう。

ネズミ：あったかいね―。気に入った。

＞好きなポーズをする。

ナレーター：ネズミは手袋の中に住むことにしました。

＞手袋の前に座る。

脚本

CD 07

♪ B・G・M／『おおきなくりのきのしたで』
（楽譜 P・63）

ウサギが登場。音楽に合わせてダンスをして、曲が終わったら正面を向いて並ぶ。

ナレーター　ピョンピョンウサギが手袋を見つけました。

ウサギ　あったかそうだな。ピョンピョン。だれかいますか？

ネズミ　チューチューネズミだよ。

ウサギ　中に入れて。

ネズミ　いいよ

ウサギ　あったかいねー。気に入った。

腕を胸の前で交差して、左右に体を揺らす。

ナレーター　ウサギはネズミといっしょに、手袋の中に住むことにしました。

好きなポーズをする。

手袋の前に座る。

CD 07

♪ B・G・M／『おおきなくりのきのしたで』
（楽譜 P・63）

タヌキが登場。音楽に合わせてダンスをして、曲が終わったら正面を向いて並ぶ。

ナレーター　ポンポコタヌキが手袋を見つけました。

タヌキ　あったかそうだな。ポンポコだれかいますか？

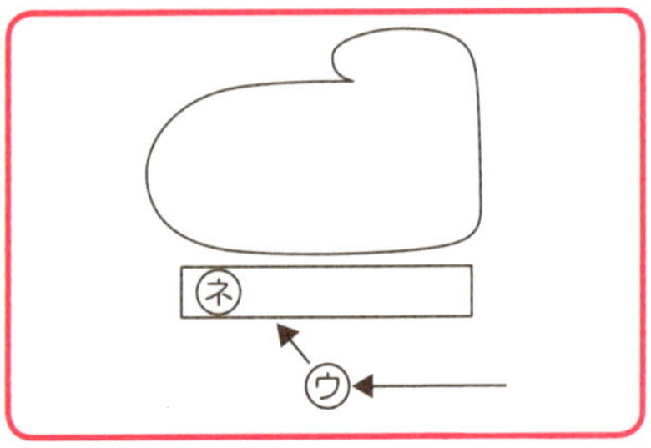

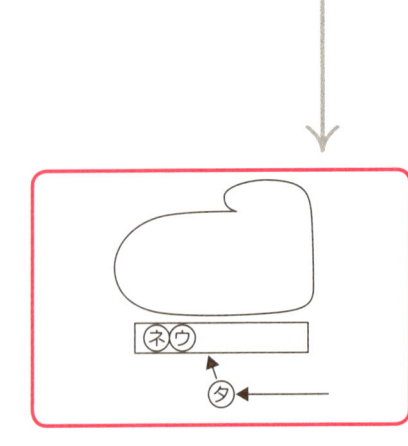

腕を胸の前で交差して、左右に体を揺らす。

2〜4歳児向き てぶくろ

話者	セリフ	動き
ネズミ・ウサギ	チューチューネズミとピョンピョンウサギだよ。	
タヌキ	中に入れて。	
ネズミ・ウサギ	いいよ。	
タヌキ	あったかいねー。気に入った。	手袋の前に行く。好きなポーズをする。手袋の前に座る。
ナレーター	タヌキはネズミとウサギといっしょに、手袋の中に住むことにしました。	
CD ⑦	♪B.G.M／『おおきなくりのきのしたで』（楽譜P・63）	パンダが登場。音楽に合わせてダンスをして、曲が終わったら正面を向いて並ぶ。
ナレーター	ゴロゴロパンダが手袋を見つけました。	
パンダ	あったかそうだな。ゴロゴロ。だれかいますか？	腕を胸の前で交差して、左右に体を揺らす。
ネズミ・ウサギ・タヌキ	チューチューネズミとピョンピョンウサギとポンポコタヌキだよ。	
パンダ	中に入れて。	
ネズミ	いいよ。	
パンダ	あったかいねー。気に入った。	手袋の前に行く。好きなポーズをする。手袋の前に座る。
ナレーター	パンダはネズミとウサギとタヌキといっしょに、手袋の中に住むことにしました。	

061

脚本

CD 07　♪B・G・M／『おおきなくりのきのしたで』（楽譜P・63）

> ライオンが登場。音楽に合わせてダンスをして、曲が終わったら正面を向いて並ぶ。

ナレーター　ガオガオライオンが手袋を見つけました。

ライオン　あったかそうだな。だれかいますか？

> 腕を胸の前で交差して、左右に体を揺らす。

ネズミ・ウサギ・タヌキ・パンダ　チューチューネズミとピョンピョンウサギとポンポコタヌキとゴロゴロパンダだよ。

ライオン　中に入れて。

ネズミ　いいよ。

ライオン　あったかいねー。気に入った。

> 手袋の前に行く。

ナレーター　ライオンはネズミとウサギとタヌキとパンダといっしょに、手袋の中に住むことにしました。手袋は満員でギューギューです。

> 好きなポーズをする。

CD 07　♪B・G・M／『おおきなくりのきのしたで』（楽譜P・63）

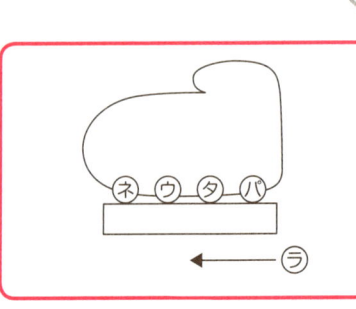

> 一列に並ぶ。

全員　手袋はあったかいねー。

ナレーター　『てぶくろ』のお話、おしまいです。

ガオーッ

おおきなくりのきのしたで

作詞不詳　イギリス民謡　編曲：永井裕美

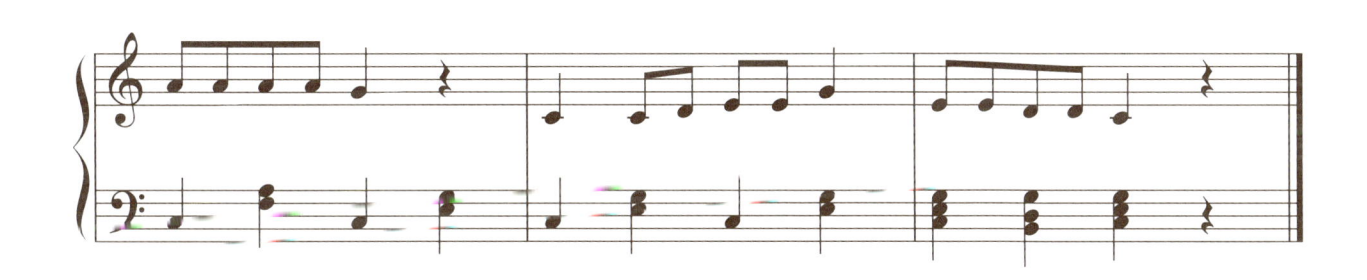

おおきなかぶ

2〜4歳児向き

お話のポイント

畑に大きなカブができました。おじいさんが抜こうとしましたがびくともしません。そこでおばあさんを呼び、孫を呼び、イヌを呼び……。みんなで力を合わせることで得られる楽しさが感じられます。

絵本から劇あそびへ保育の流れ

せりふはあまり多くありません。友達とくっつくことが楽しくなるように掛け声をそろえたり、名前を呼ばれる楽しさを体験できるように遊びを工夫したりしましょう。子どもたちの"もっとやってみたい！"という気持ちを、"こうしたい！"という意欲につなげましょう。

呼んだら来てね！

保育者から名前を呼ばれたら、大きな声で返事をして、みんなの前に立ったり友達の後ろに並んだりします。保育者に言われた動物の鳴き声をまねて返事をしたり、呼ばれて前に立った人の動きをみんなでまねてまねっこ遊びを楽しんだりして、順番に並んで増えていくおもしろさを味わいましょう。

掛け声で遊ぼう！

絵本を見直しながら、カブを抜く場面のところで、「うんとこしょ　どっこいしょ」と、みんなで言ってみます。読み聞かせが終わったら、縄跳びの長縄やひもを保育者と引っ張り合いながら、友達といっしょに大きな声で「うんとこしょ！　どっこいしょ！」と言ってみましょう。

くっついて遊ぼう！

『いもむしごろごろ』や『ロンドン橋』などをうたいながら、友達にくっついて進む遊びを楽しみます。
歌いながら動いたりくっついて同じ動作をしたりする難しさを感じつつ、友達と協力することで、何かを達成できるという充実感を味わってほしいですね。

大きなカブを作ろう！

大きな白い布で、新聞紙やバスタオルなどの柔らかい物を包みます。口をひもで縛り、形を丸く整えましょう。大きな布ボールを転がしたり投げたりして遊びましょう。柔らかいのでぶつかっても安全です。ある程度遊んだら、ひもをくくり付け、葉っぱの形に切った緑色の不織布などを付けて、今度は引っ張って遊んでみましょう。

替え歌を作ろう！

短い歌や手遊び曲に合わせ、いろいろな歌詞を付けて遊びます。絵本の気に入った場面を歌詞にして、みんなでうたってみましょう。
4月からの保育でうたってきた歌やはやっている歌・フレーズなどから、子どもたちの反応を見ながら意見も取り入れ、劇遊びの中でも使えるように考えていきます。

子どもたちの姿を大切に

子どもたちは、掛け声をそろえることでみんなが力を合わせられるということを学んでいきます。ひとりひとりが参加して、ひとつのお話ができ上がっていく過程も楽しめるようにしましょう。
2・3歳は保育者がリードし、4歳なら少し子どもに任せるところがあってもいいでしょう。

登場人物の衣装

それぞれの登場人物の特徴を話しながら、いっしょに作ってみましょう。

材料 ●カラーポリ袋 ●不織布 ●リボン ●スズランテープ ●カラーカラービニールテープ ●飾りシール
●スカーフ ●色画用紙 ●平ゴム ●マジックテープ ●セロハンテープ ※動物のお面の型紙はCDに収録

おばあさん

- スカーフを巻く
- カラービニールテープ
- 〈ワンピース〉カラーポリ袋
- 裏返す
- 切る
- リボンを両面テープではる
- 平ゴムを通す
- 6cm幅のカラービニール袋の上下を両面テープで留める
- カラービニールテープ

おじいさん

〈帽子〉
- 不織布を袋状に縫い、表に返して折り上げる

〈ベスト〉
- セロハンテープで留める
- カラーポリ袋を½の長さに切る
- 切る
- 前面を切り、折り返して留める
- セロハンテープで留める
- カラービニールテープで縁取る
- カラーポリ袋をカラービニールテープで縁取る
- カラービニールテープにマジックテープ(凸凹)をはる

孫たち

[男の子]
- スカーフを巻く

※P.3に写真はありませんが、男の子の孫の衣装は、首にスカーフを巻くだけです。

[女の子]
〈スカート〉
- 折り返して両面テープで縁を留める
- 平ゴムを通す
- カラーポリ袋の¼を切る
- シールなど
- カラービニールテープ
- カラーポリ袋でフリルを付ける

準備

066

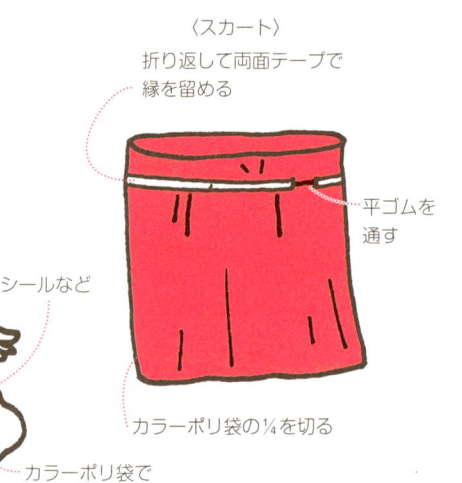

2〜4歳児向き　おおきなかぶ

ネズミ
- 色画用紙 型紙㉕
- 水色のスズランテープ
- 水色のカラーポリ袋

ネコ
- 色画用紙 型紙㉔
- 黄色のカラーポリ袋
- 黄色のスズランテープ

イヌ
- 色画用紙 型紙㉓
- 茶色のカラーポリ袋
- 茶色のスズランテープ

基本の作り方
〈腰の飾り〉
- 折り返して両面テープで留める
- ¼の長さに切ったカラーポリ袋
- 平ゴムを通す

〈しっぽ〉
- スズランテープを三つ編みする
- セロハンテープで留める
- 裂く

子どもといっしょに！
＊腰の飾りの長さを動物によって変えたり、模様を付けたりしてみましょう。
＊しっぽの三つ編みもいっしょにやってみましょう

セット・小道具

このお話のいちばんの小道具がカブです。大きさや形をどんなふうにするのか楽しみながら作りましょう。

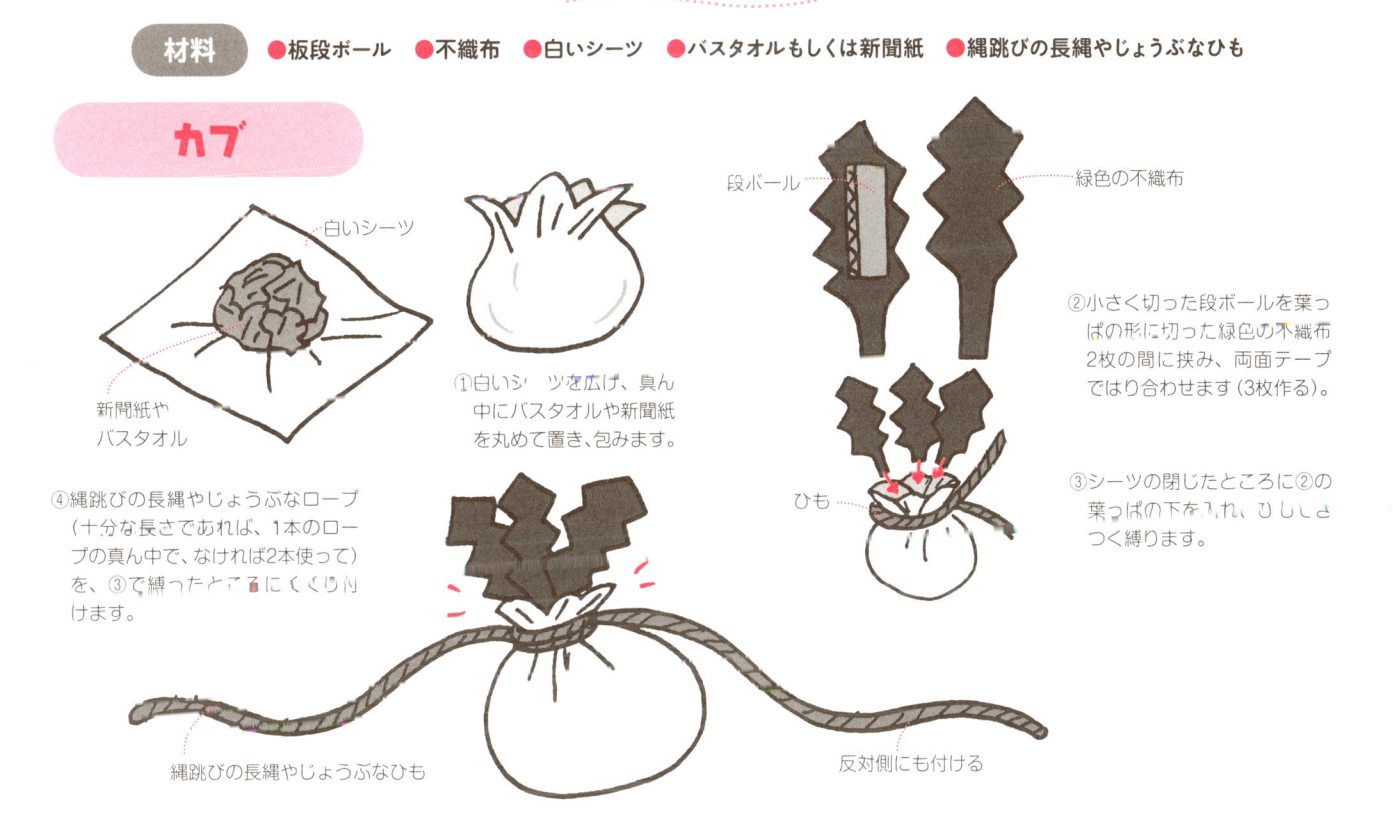

材料　●板段ボール　●不織布　●白いシーツ　●バスタオルもしくは新聞紙　●縄跳びの長縄やじょうぶなひも

カブ

- 白いシーツ
- 新聞紙やバスタオル
- 段ボール
- 緑色の不織布
- ひも

①白いシーツを広げ、真ん中にバスタオルや新聞紙を丸めて置き、包みます。

②小さく切った段ボールを葉っぱの形に切った緑色の不織布2枚の間に挟み、両面テープではり合わせます（3枚作る）。

③シーツの閉じたところに②の葉っぱの下を入れ、ひもしっかりと縛ります。

④縄跳びの長縄やじょうぶなロープ（十分な長さであれば、1本のロープの真ん中で、なければ2本使って）を、③で縛ったところにくくりつけます。

- 縄跳びの長縄やじょうぶなひも
- 反対側にも付ける

脚本

登場人物

- おじいさん
- おばあさん
- 孫たち
- イヌ
- ネコ
- ネズミ

※ひとつの役を数人で演じる、交代で演じるなど、人数に合わせて登場人物を振り分けましょう。

[使える！脚本データ] 脚本⑥

ナレーター　きょうもおじいさんは、元気に畑仕事です。

CD⑧

歌（全員）
♪B・G・M／『小さな庭』の替え歌
（楽譜P.75）

♪ちいさなはたけを　よくたがやして
ちいさなたねを　まきました
ぐんぐんのびて　あきになって
おおきなかぶが　できました

おじいさんが登場し、歌に合わせて（下図）の手遊びをする。

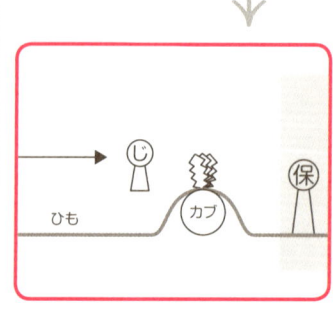

↓

*舞台そでで、保育者がカブの反対側に付けたひもを持って引っ張ります。

（図：ひも → じ　カブ　保）

A

① ちいさなはたけを 
両手のひとさし指で小さく四角を描きます。

② よくたがやして 
両手で鍬を振り下ろすまねをします。

④ まきました 
右手を前に投げ出して、種をまくふりをします。

⑤ ぐんぐんのびて 
両手のひらを合わせて、頭上に突き上げます。

⑦ おおきな…できました 
両手を左右に大きく広げて、ヒラヒラさせながら下ろします。

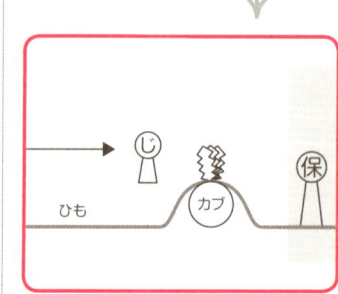

2～4歳児向き　おおきなかぶ

おじいさん：大きなカブができた。抜いてみよう。

うんとこしょ、どっこいしょ。抜けないなあ。

ナレーター：そこで、おばあさんを呼びました。

おじいさん：おばあさーん、おいでー。

CD 08

♪ B・G・M／『小さな庭』（楽譜 P・75）

おばあさん：はーい。

ナレーター：ふたりでカブを引っ張りました。

おじいさん・おばあさん：うんとこしょ、どっこいしょ。うんとこしょ、どっこいしょ。

カブの葉を引っ張る。舞台そでの保育者がひもを引っ張る。

カブの葉から手を離し、腕を組んで首を左右に振る。

左側に向かって叫ぶ。

おばあさんが登場。

返事をして、おじいさんの後ろにつく。

カブの葉を引っ張っても抜けず、手を離して腕を組む。

---

③ちいさなたねを

両手のひとさし指で小さく円を描きます。

⑥あきになって

両手のひらを開いて頭上で伸ばし、左右に大きく揺らします。

069

脚本

ナレーター　まだまだカブは、抜けません。

おじいさん・おばあさん　〇〇ちゃん、□□ちゃん、おいでー。

そこで、孫を呼びました。

CD 08　♪B・G・M／『小さな庭』（楽譜P・75）

孫たち　はーい。

ナレーター　力を合わせて抜いてみました。

舞台の全員　うんとこしょ、どっこいしょ。うんとこしょ、どっこいしょ。

ナレーター　まだまだカブは、抜けません。

そこで、イヌのワンワンを呼びました。

舞台の全員　ワンワン、おいでー。

おじいさん・おばあさんはナレーションに合わせてBの動きをする。

B
① まだまだカブは、

腕を組んで首を左右に振ります。

② 抜けません。

右手を出してひじを曲げ、左右に振ります。

左側に向かって叫ぶ。

孫たちが登場。
返事をして、おばあさんの後ろにつく。

カブの葉を引っ張っても抜けず、手を離して腕を組む。

舞台の全員がナレーションに合わせてBの動きをする。

左側に向かって叫ぶ。

070

2〜4歳児向き　おおきなかぶ

CD ⑧	♪B・G・M／『小さな庭』（楽譜P・75）	
イヌ	ワンワン。	イヌが登場。
ナレーター		返事をして、孫たちの後ろにつく。
舞台全員	力を合わせて引っ張りました。	
	うんとこしょ、どっこいしょ。 うんとこしょ、どっこいしょ。	カブの葉を引っ張っても抜けず、手を離して腕を組む。
ナレーター	まだまだカブは、抜けません。	Ⓑ 舞台の全員がナレーションに合わせて（P・70）の動きをする。
	今度はネコのニャーニャーを呼びました。	
舞台全員	ニャーニャー、おいでー。	左側に向かって叫ぶ。
CD ⑧	♪B・G・M／『小さな庭』（楽譜P・75）	
ネコ	ニャーニャー。	返事をして、イヌの後ろにつく。ネコが登場。
ナレーター	力を合わせて抜いてみました。	
舞台全員	うんとこしょ、どっこいしょ。 うんとこしょ、どっこいしょ。	カブの葉を引っ張っても抜けず、手を離して腕を組む。
ナレーター	まだまだカブは、抜けません。	Ⓑ 舞台の全員がナレーションに合わせて（P・70）の動きをする。
	そこで、ネズミのチューチューを呼びました。	
舞台全員	チューチュー、おいでー。	左側に向かって叫ぶ。

脚本

CD ③

♪B・G・M／『小さな庭』（楽譜P.75）

ネズミ　チューチュー。

ネズミが登場。
返事をして、ネコの後ろにつく。
舞台の全員が手を離しておく。
ナレーションに合わせて ⓒ の動きをする。

ナレーター　ネズミがネコを引っ張って、
ネコがイヌを引っ張って、
イヌが孫を引っ張って、
孫がおばあさんを引っ張って、
おばあさんがおじいさんを引っ張って、
おじいさんがカブを引っ張って。

＊クライマックスシーンに向かって、演じている子どもたちも見ているお客さんにとっても、ワクワクと待ちわびている場面です。ナレーターは、ひとりひとりたっぷり間を取って話しましょう。

ⓒ

① ネズミがネコを引っ張って、
ネズミ役が両手でネコ役の腰をつかみます。

② ネコがイヌを引っ張って、
ネコ役が両手でイヌ役の腰をつかみます。

③ イヌが孫を引っ張って、
イヌ役が両手で孫役の腰をつかみます。

④ 孫がおばあさんを…、
孫役が両手でおばあさん役の腰をつかみます。

⑤ おばあさんがおじいさんを…、
おばあさん役が両手でおじいさん役の腰をつかみます。

⑥ おじいさんがカブを…、
おじいさん役が両手でカブのひもをつかみます。

よいしょ！
よいしょ！

2〜4歳児向き　おおきなかぶ

ナレーター	せーの！	
舞台の全員	うんとこしょ、どっこいしょ。 うんとこしょ、どっこいしょ。 うんとこしょ、どっこいしょ……。	舞台の全員がナレーターの「せーの！」の合図で前の人の腰から手を離し、両手で床のひもをつかむ。
ナレーター	カブはなかなか抜けません。 みんな、がんばってー！	カブの葉を引っ張ってもなかなか抜けない。
舞台の全員	うんとこしょ、どっこいしょ。 うんとこしょ、どっこいしょ。 うんとこしょ、どっこいしょ……。	舞台そでの保育者は、カブの先に付けたひもを持つ手を緩めて、少しずつ伸ばしていく。
ナレーター	あっ！ 少しずつカブが動いてきましたよ。	
舞台の全員	うんとこしょ、どっこいしょ。 うんとこしょ、どっこいしょ。 うんとこしょ、どっこいしょ……。	舞台そでの保育者は、さらにひもを伸ばしていく。
ナレーター	もう少しでカブが抜けそうです。 みなさんも応援してください。	客席の保護者に向かってアピールし、盛り上げる。

脚本

CD ⑨	♪効果音／ポンッと抜けた音
CD ⑩	♪効果音／やったーの音（楽譜P・75）
舞台の全員	やった―！ やった―！
ナレーター	やっとカブは抜けました。みんなはうれしくて、歌をうたい始めました。
CD ⑧	♪B・G・M／『小さな庭』の替え歌（楽譜P・75）
歌（全員）	♪ちいさなはたけを よくたがやして ちいさなたねを まきました ぐんぐんのびて あきになって おおきなかぶが できました
ナレーター	みんなで力を合わせてがんばったおかげで、こんなに大きなカブを抜くことができました。よかったですね。これで『おおきなかぶ』の劇あそびを終わります。

バンザイをしながら飛び跳ねる。

Ⓐ 舞台の全員が客席を向き、1列に並んでうたいながら（P・68）の手遊びをする。

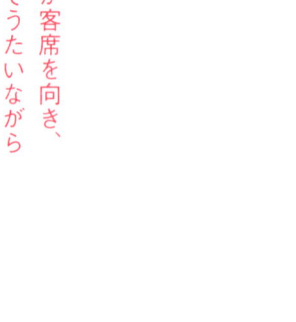

2〜4歳児向き　おおきなかぶ

小さな庭
[替え歌]

CD⑧ P.68〜74で使用

作詞・作曲不詳　編曲：永井裕美

ちいさなはたけを　よくたがやして
ちいさなたねを　まきました
ぐんぐんのびて　あきになって
おおきなかぶが　できました

やったーの音

CD⑩ P.74で使用

ほか、使用する効果音　　CD⑨ ポンッと抜けた音

おむすびころりん

2〜4歳児向き

お話のポイント

おむすびが穴に転がったときのリズミカルな掛け声や、おじいさんとネズミのやりとりが楽しい昔話です。"欲ばってはいけません"といった、教訓も盛り込まれています。

絵本から劇あそびへ保育の流れ

絵本をたっぷり楽しみつつ、このようにいろいろと遊んでいきましょう。劇で使う楽器で遊んだり作った小道具を使って遊んだりして、劇遊びにつなげていきます。『おむすびころりん』の絵本を読み聞かせるとき、おむすびが転がる場面の「おむすびころりん　すっとんとん」に対して、子どもたちがどんな反応をするか、よく観察しておきましょう。読み終わったら、どんなところがおもしろかったか、子どもたちに聞いてみましょう。

転がして遊ぼう！

両手でボールを転がしたり、的やフープに向かって転がしたりして遊びます。
ボールが転がっていくおもしろさや的に当てる楽しさを味わえるように、コースを坂にしたり的の大きさや距離に変化をつけたりしましょう。

せりふで遊ぼう！

絵本の中で繰り返し出てくる「おむすびころりん　すっとんとん」という掛け声を、みんなで言ってみましょう。さらに、カスタネットやウッドブロック（なければ拍子木や積み木でも可）などの楽器を鳴らしながら、リズムに合わせて言ってみましょう。
最初は保育者が楽器を鳴らし、慣れてきたら子どもたちにも鳴らしてもらいます。

076

2〜4歳児向き　おむすびころりん

おむすびを作ろう！

いろいろなおむすびを作って遊びます。新聞紙を丸めて、周りに白い紙をのりではっていきます。長方形に切った黒い折り紙や小さくちぎった折り紙をはり、のりが乾いたら完成です。
おむすびをふろしきに包んで、ピクニックごっこをしましょう。

おもちつきごっこ

「おもちつきしよ〜！」

実際に劇で使う大道具のきねとうすを作り、いつでも遊べるようにしておきます。園行事でおもちつきをする機会や経験があれば、しぜんと関心を持って遊び始めるでしょう。

なりきって遊ぼう！

お話の役になって遊びます。みんなでネズミになってみる、みんなでおじいさんになってみる……と、ひととおりやってみて、子どもがやりたい役を見つけるきっかけにしましょう。
一度すべての役をやってみることで、子どもがお話全体の流れを理解しやすくなります。

「こんどはぼくがおじいさん！」
「わたしはネズミ！」

子どもたちの姿を大切に

子どもたちが遊んでいるようすや絵本への反応などから言葉を拾って、せりふを考えていきます。繰り返しの言葉を取り入れたり子どもの言いやすい言葉に変更したりして、オリジナルの脚本を作りましょう。クラスの子どもたちに合わせて、本書の脚本を修正していってもよいでしょう。

登場人物の衣装

和風のお話なので、不織布を使ってみました。
色選びや飾り付けを子どもたちと楽しみましょう。

材料 ●不織布 ●リボン ●カラービニールテープ ●マスキングテープ ●色画用紙
※お面の型紙はCDに収録

おじいさん

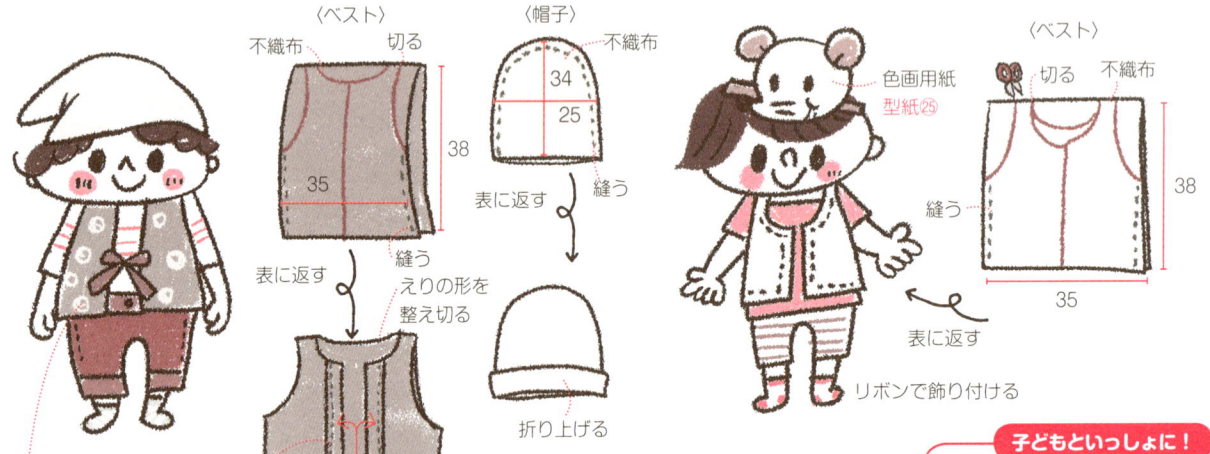

〈ベスト〉
不織布　切る
38
35
縫う
表に返す
えりの形を整え切る
中央を折って縫う

段ボールを筒状にし、スタンプする

〈帽子〉
不織布
34
25
表に返す
縫う
折り上げる

長さ35cmの不織布を細長くして両面テープで形を整え、ベストに縫い付ける

ネズミたち

単位はcm

色画用紙
型紙㉕

〈ベスト〉
切る　不織布
38
35
縫う
表に返す

リボンで飾り付ける

子どもといっしょに！
いろいろなリボンやテープを用意して、飾り付けを楽しみましょう。

おばあさん

〈エプロン〉
70
不織布
41
32
マジックテープ（凹）
マジックテープ（凸）

3cm幅の不織布を後ろからはる

マスキングテープで模様を付ける

〈着物〉
不織布　96　切る
24
26
80
縫う
57

不織布　80
えりを挟みながら両面テープではる
表に返す

2～4歳児向き　おむすびころりん

セット・小道具

作り出すとごっこ遊びがすぐに始まるような小道具がいっぱいです。楽しみながら作りましょう。

材料　●模造紙　●画用紙　●色画用紙　●コピー用紙などの白い紙　●折り紙　●新聞紙　●和風の包装紙　●牛乳パック　●空き箱　●円柱形のソフト積み木　●メッシュトンネル　●洗面器　●バケツ　●白い布　●棒

ネズミの家の背景

模造紙

子どもといっしょに！
大きな模造紙に絵を描きます。絵本を参考にして描いたり、いっしょに色を塗ったりして楽しみましょう。

山の背景

※背景は重ねてはっておいたり、すぐ元に戻せるよう両端を引っ掛けられるようにしておいたりしましょう。

トンネル

色画用紙を葉っぱの形に切り、葉脈の線を描いてメッシュトンネルの周りに両面テープではります。

色画用紙
メッシュトンネル

※メッシュトンネルの長さは、舞台の広さに合わせて調節しましょう。

切り株

①円柱形のソフト積み木の周りに茶色の色画用紙を巻き、クラフトテープや両面テープで留めます。

②ソフト積み木の直径の大きさに合わせて円形に切ったクリーム色の色画用紙に、木目模様を描いて、①の上面に両面テープではります。

円柱形のソフト積み木

③茶色の色画用紙を三角形に切り、②の下に裏側からクラフトテープで留めていきます。

つづら[大・小]

空き箱を和風の包装紙で包み、セロハンテープで留めます。

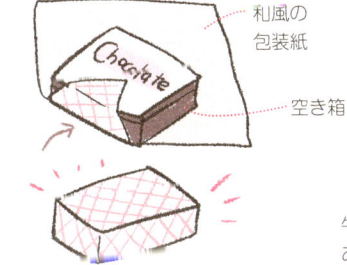

和風の包装紙
空き箱

※大小2種類、大きさの差がわかりやすい箱を選びましょう。

きね

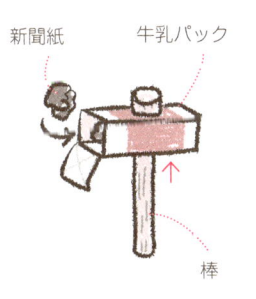

新聞紙　牛乳パック

棒

牛乳パックの側面に棒を通す穴をあけ、中に新聞紙を詰めて口を閉じます。穴に棒を通してクラフトテープで固定します。

うす

バケツの周りに黄色い色画用紙を巻き、両面テープではり、洗面器を乗せます。

洗面器
もちに見たてた白い布
バケツ
黄色い色画用紙

おむすび

①コピー用紙などの白い紙にのりを塗り、丸めた新聞紙を包んで形を丸く整えます。

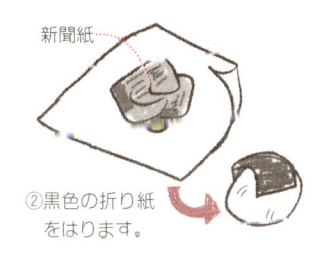

新聞紙

②黒色の折り紙をはります。

※おむすびは、2～3個を和風のハンカチなどで包みます。

そのほかの準備物　●ウッドブロック

079

脚本

登場人物
- おじいさん
- あばあさん
- 欲ばりじいさん
- ネズミたち

※ひとつの役を数人で演じる、交代で演じるなど、人数に合わせて登場人物を振り分けましょう。

※ウッドブロック係は出番ではない子どもたちが兼ねたり、保育者がしたりしてもよいてしょう。

[使える！脚本データ]
脚本⑦

ナレーター　むかしむかし、心の優しいおじいさんとおばあさんが住んでいました。おじいさんは、おにぎりを持って、毎日山へ薪を集めに出かけました。

CD⑪　♪B・G・M／『村祭』（楽譜P・88）

おじいさん　それじゃあ、きょうも行ってくるよ。

おばあさん　おむすびは持ちましたね。気をつけて行ってらっしゃい。

CD⑪　♪B・G・M／『村祭』（楽譜P・88）

おじいさん　そろそろお昼ごはんにしよう。

ナレーター　おじいさんは切り株に座り、ふろしきからおむすびを出しました。

おじいさん　いただきます。

ナレーター　おじいさんがひと口食べようとしたとき、おむすびが落ちて転がって行きました。

> おじいさん・おばあさんが、山の場面に登場。
>
> おばあさんは、歩きながら薪を拾い集めるまねをする。
>
> おばあさんが退場。
>
> おじいさんは、おむすびを食べるまねをした後、トンネルの中に向かって転がす。

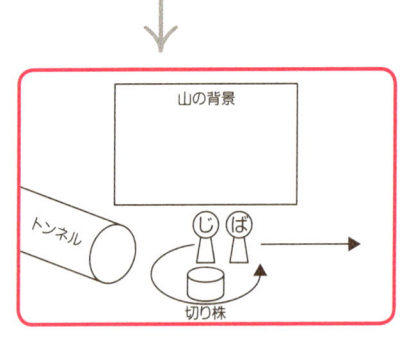

＊おむすびを転がす。

（いただきます）

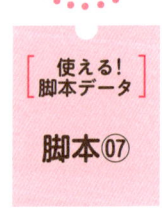

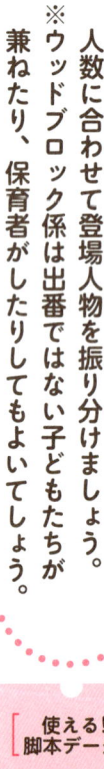

[山の背景／トンネル／じ／ば／切り株]

2〜4歳児向き　おむすびころりん

進行	せりふ／音	動き
CD ⑫	♪効果音／コロコロ転がる音	おじいさんは、おむすびを追いかける。
おじいさん	これは大変だ。おむすびまて。	
ネズミたち	おむすびころりん　すっとんとん　ころころころ　すっとんとん	
CD ⑬	♪効果音／小さな物が落ちる音	ウッドブロック係は、せりふに合わせてウッドブロックをたたく。おじいさんは、耳に手を当て、音がする方に向ける。
おじいさん	穴から不思議な声が聞こえたぞ。もうひとつ転がしてみよう。えい！	おむすびを持ち、穴に向かって転がす。
CD ⑫	♪効果音／コロコロ転がる音	
ネズミたち	おむすびころりん　すっとんとん　ころころころ　すっとんとん	
CD ⑬	♪効果音／小さな物が落ちる音	ウッドブロック係は、せりふに合わせてウッドブロックをたたく。
ナレーター	またまた穴から、不思議な声が聞こえてきました。	
おじいさん	これはおもしろい。今度はわしが転がってみよう。	
ナレーター	おじいさんは、転がって穴に入って行きました。	おじいさんは転がった後、穴に入って退場。
CD ⑭	♪効果音／ゴロゴロ転がる音	
CD ⑮	♪効果音／大きな物が落ちる音	ウッドブロック係は、せりふに合わせてウッドブロックをたたく。
ネズミたち	おじいさんころりん　すっとんとん　ころころころころ　すっとんとん	

［図：山の背景／トンネル／切り株／じ］

子どもといっしょに！

＊おじいさんが穴に落ちる場面は、舞台に合わせて長さを調節したカラートンネルやフープをくぐったり、書き割りの裏にジャンプして隠れたり、ペープサートを使って表現したりするなど、変化のある動きを取り入れると盛り上がります。

＊年齢によっては、前転したり（マットが必要）、手足を伸ばして横にゴロゴロと転がったりしてもよいでしょう。

081

脚本

ナレーター: 転がり落ちたおじいさんが目を開けると、ネズミたちが遊んでいました。

ネズミ以外全員: ボールころりん すっとんとん ころころころ すっとんとん……

ネズミA: おじいさん、おいしいおむすびをありがとう。

ネズミB: きょうは、楽しんでいってください。

おじいさん: ネズミさんたち、ありがとう。

ネズミの部屋の背景に変える。
おじいさん・ネズミたちが、それぞれの位置に立つ。

ネズミたちはふた組に分かれて、ボール転がしをする。

ネズミたちがボール転がしで遊んでいる間、繰り返す。

ウッドブロック係は、せりふに合わせてウッドブロックをたたく。

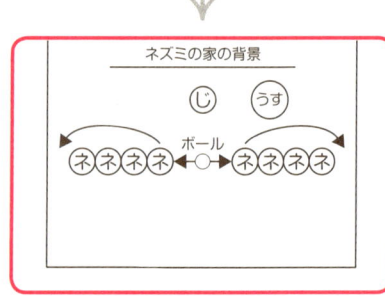

```
──── ネズミの家の背景 ────
          じ    うす
                  ボール
  ネネネネ ←─○─→ ネネネネ
```

①ふた組に分かれてそれぞれ1列に並び、一方の列で先頭の子どもがボールを持ちます。せりふが始まったら、相手の列に向かってボールを転がします。

②ボールを転がした子どもは列の最後尾に移動し、反対の列で先頭の子どもが転がってきたボールを受け止め、相手の列にボールを転がして返します。順番に交代しながら、全員が転がすまで続けましょう。

2〜4歳児向き おむすびころりん

ナレーター：ネズミたちは、おじいさんにごちそうするため、もちつきを始めました。

CD ⑯ ♪B・G・M／『十五夜さんのもちつき』の替え歌（楽譜P.88）を数回繰り返す。

歌（全員）：
♪ネズミのくにの　もちつきは
トーン　トーン　トッテッタ
トーン　トーン　トッテッタ
トッテ　トッテ　トッテッタ……

ネズミ役ふたりは、歌に合わせてもちをつく。
残りのネズミ・おじいさんは、歌に合わせて手遊びをする。

→ ネズミの家の背景

① 横1列に並んで座り、右手が上、左手は下になるように重ねます。

② ♪ネズ／ミの／くに／の／もち／つき／は／♪ミ／トー
歌に合わせて9回手拍子します。

③ ♪シ
右手で右隣の人の左手をたたきます。

④ ♪トー
自分の左手をたたきます。

⑤ ♪シ
右手で右隣の人の左手をたたきます。

以下④・⑤を繰り返し、「♪ネズミのくにの……」で②に戻ります。

083

脚本

おじいさん　あー楽しかった。おばあさんが待っているから、そろそろ帰るとしよう。

ネズミC　おみやげを差し上げます。どちらのつづらがいいですか？

おじいさん　小さいつづらをいただくよ。

ネズミたちは、大小のつづらを持ってくる。
おじいさんは、おみやげのつづらを受け取る。

ネズミD　それでは気をつけて、さようなら。

おじいさん　さようなら。

CD⑪　♪B・G・M／『村祭』（楽譜P・88）

おじいさんは、左側に退場。

2〜4歳児向き　おむすびころりん

役	セリフ・内容	演出
ナレーター	おじいさんは小さいつづらを持って、おばあさんの待っている家に帰りました。家に着いたおじいさんは、今日あった不思議な出来事を話しました。そして小さなつづらを開けてみると、小判がたくさん入っていました。	山の背景に変える。
CD ⑰	♪効果音／怖い音『トッカータとフーガ』より（楽譜P.89）	
ナレーター	このようすを、隣に住んでいる欲ばりなおじいさんが見ていました。	
欲ばりじいさん	よーし、わしも行って、お宝をもらって帰ろう。	欲ばりじいさんが右側から登場。
ナレーター	次の日、欲ばりなおじいさんは、小さなおむすびを持って山へ出かけました。	
CD ⑱	♪B・G・M／「かごめ かごめ」の「うしろのしょうめんだーれ」の部分（楽譜P.89）を繰り返す。	欲ばりじいさんは、切り株の周りをグルグル歩き回る。
欲ばりじいさん	おむすびを全部転がしてみよう。えい！見つけたぞ、この穴だな。	欲ばりじいさんは、トンネルの中におにぎりを転がす。
CD ⑫ ↓ CD ⑬	♪効果音／コロコロ転がる音 ↓ ♪効果音／小さな物が落ちる音	ウッドブロック係は、せりふに合わせてウッドブロックをたたく。
ネズミたち	おむすびころりん　すっとんとん　ころころころ　すっとんとん	

085

脚本

欲ばりじいさん	よーし、わしも行くぞ。	欲ばりじいさんは転がった後、穴に入って退場。
CD ⑭ ↓ CD ⑮	♪効果音／ゴロゴロ転がる音 ↓ ♪効果音／大きな物が落ちる音	
ナレーター	欲ばりなおじいさんは、急いで穴の中を転がり、ネズミのもとへ行きました。	ネズミの部屋の背景に変える。
ネズミたち	おむすびころりん　すっとんとん ころころころ　すっとんとん	ウッドブロック係は、せりふに合わせてウッドブロックをたたく。
ネズミA	おじいさん、おいしいおむすびをありがとう。	
ネズミB	きょうは、楽しんでいってください。	
欲ばりじいさん	わしは急いでおるので、おみやげをもらって帰るよ。	ネズミたちは、大小のつづらを持ってくる。
ネズミC	どちらのつづらがいいですか？	欲ばりじいさんは、考えるふりをする。

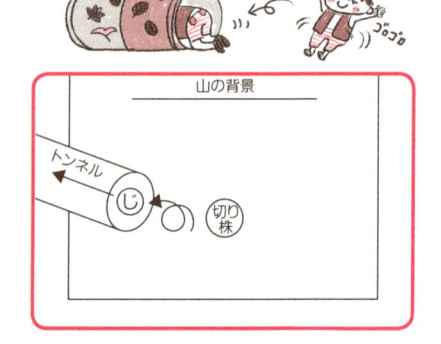

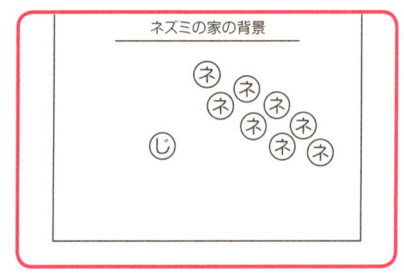

2〜4歳児向き　おむすびころりん

ナレーター　欲ばりなおじいさんは両方のつづらが欲しくて、大きな声でネコのまねをしました。

欲ばりじいさん　ニャー　ニャー　ニャー！

ネズミD　大変だ！　ネコだ！　逃げろ！

CD ⑲　♪B・G・M／『ねこふんじゃった』（楽譜P・89）を少し速く弾く。

※ネズミたちは、逃げ回り、退場。照明を消して薄暗さを表現する。

欲ばりじいさん　出口はどこだ？　真っ暗でわからないぞ！　ワー！

※欲ばりじいさんは、出口を探して歩き回る。

ナレーター　欲ばりなおじいさんは、出口がわからず、ずっと穴の中。とうとうモグラになってしまいました。

※欲ばりじいさんは、中央にしゃがみ込む。

優しいおじいさんとおばあさんはいつまでも幸せに暮らしました。これで『おむすびころりん』のお話はおしまいです。

使用曲

CD⑪ P.80・84で使用

村祭

文部省唱歌　編曲：永井裕美

CD⑯ P.83で使用

十五夜さんのもちつき
[替え歌]

わらべうた　編曲：永井裕美

ネズミのくにの　もちつきは　トーン　トーン　トッテッタ
トーン　トーン　トッテ　トッテ　トッテ　トッテッタ

088

2〜4歳児向き　おむすびころりん

CD⑰ P.85で使用
怖い音　『トッカータとフーガ』より
作曲：J.S.バッハ

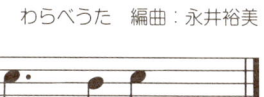

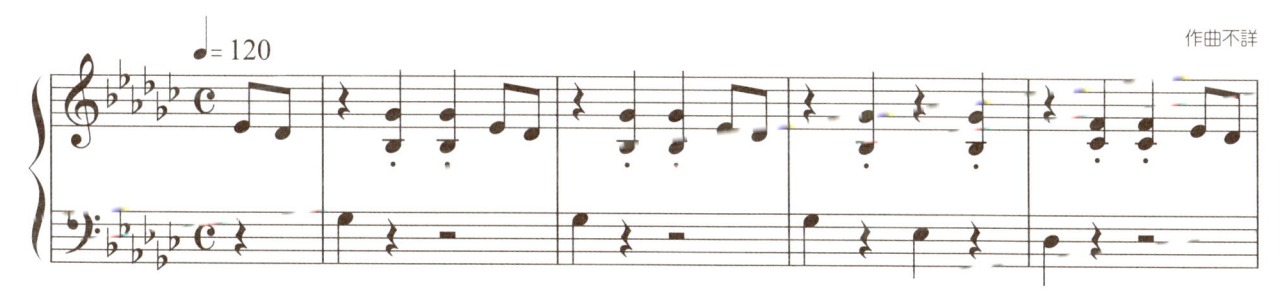

CD⑱ P.85で使用
かごめ　かごめ
わらべうた　編曲：永井裕美

CD⑲ P.87で使用
ねこふんじゃった
作曲不詳

♩=120

| ほか、使用する効果音 | CD⑫ コロコロ転がる音 ／ CD⑬ 小さな物が落ちる音 ／ CD⑭ ゴロゴロ転がる音 ／ CD⑮ 大きな物が落ちる音 |

おおかみと7ひきのこやぎ

3〜4歳児向き

お話のポイント

おかあさんヤギが留守の間に子ヤギたちを食べようと、オオカミがやって来ます。ドキドキしながら最後ホッとする、だれもが知っているグリム童話です。

絵本から劇あそびへ保育の流れ

悪者のオオカミと逃げる子ヤギという設定は、子どもたちにもわかりやすく、3歳児くらいなら、そのまますぐに鬼ごっこなどに発展していくでしょう。ふだんの鬼ごっこに少しだけルールを追加したり、子どもたちのアイディアを取り入れたりして、遊びをどんどん広げていきましょう。

なりきり鬼ごっこ

保育者がオオカミになり、子どもたちを子ヤギに見たてて鬼ごっこやかくれんぼうをします。地面に小屋（円）を描いておき、オオカミに捕まったら小屋に入れられます。捕まっても、仲間の子ヤギがタッチしてくれると逃げ出すことができるというルールで遊びます。オオカミ役を増やしてもよいでしょう。悪役のおもしろさもみんなで体験してみましょう。

すぐにやってみよう！

絵本を読んだ後、どんなところが印象に残ったかなど、それぞれが思ったことを伝え合いましょう。みんながいちばん気に入った場面を、即興でやってみます。ヤギ役とオオカミ役に分かれて、「とをあけておくれ」「おまえはだれだ」「おかあさんだよ」などと、交代しながら演じてみましょう。

3〜4歳児向き　おおかみと7ひきのこやぎ

トントントンなんの音?

わらべうた遊びをアレンジして遊びます。
①子ヤギたちが輪になって中心にオオカミが座り、みんなで『あぶくたった』（楽譜P.102）をうたう。
②オオカミ「トントントン」③子ヤギたち「なんのおと？」
④オオカミ（1回目）「かぜのおと」、（2回目）「ごはんをたべているおと」、（数回繰り返した後）「オオカミだー！」
⑤逃げる子ヤギをオオカミが捕まえて、役を交代する。
②〜④で、言葉のやりとりを楽しみましょう。

扉の向こうはだあれ？

段ボール板で扉を作り、保育者が上からいろいろな物をチラッと見せたり音を聞かせたりして、子どもが当てます。また、扉に隠れた子どもが上から手を出し、声を変えたり動物の鳴きまねをしたりして、見ている子どもが名前を当てます。作った扉は、子どもたちがいつでも遊べる場所に置いておきましょう。

うたって踊ってみよう！

保育者がリードしながら、劇で使う歌を決めたり振り付けを考えたりして、子どもたちの反応を見ます。子どもからアイディアが出れば取り入れてみて、みんなで踊ってみましょう。CDとプレーヤーを用意しておき、子どもが好きな時間に遊べるようにしておきます。

子どもたちの姿を大切に

オオカミが子ヤギたちの家にやって来る場面で、絵本では声や手の色で判断していますが、ほかにどんな見せ方があるのか、何を見せたらおもしろいかなと、子どもたちと話し合いながら進めていきましょう。

登場人物の衣装

準備 ←

カラーポリ袋の衣装に、それぞれの人物をイメージしながら、切り込みを入れたり、模様を付けたりしてみましょう。

材料　●カラーポリ袋　●カラービニールテープ　●色画用紙　●画用紙　●平ゴム　●クラフトテープ
※お面の型紙はCDに収録

オオカミ
- 色画用紙　型紙28
- カラーポリ袋

子ヤギたち [1〜7]
- 色画用紙　型紙27
- 画用紙
- 切り込みを入れて折り、カラービニールテープで留める
- 切り込みを入れる
- カラービニールテープ

基本の作り方

- カラーポリ袋
- 子ヤギたち 38cm
- オオカミ 45cm
- 45

おかあさんヤギ
- 色画用紙　型紙26
- カラーポリ袋
- 画用紙
- カラービニールテープではる
- 裏返してエプロンをはる

単位はcm

〈ワンピース〉
- カラーポリ袋　切る
- カラービニールテープではる
- 60
- 50

フリルを付けながら、カラービニールテープでそでにはる

- カラーポリ袋
- 平ゴムを通す

6cm幅のカラーポリ袋の縁を両面テープではる

セット・小道具

小道具作りも劇あそびをする楽しさのひとつです。いっしょに作りながらイメージを共有していけます。

材料　●模造紙　●画用紙　●色画用紙　●新聞紙　●板段ボール　●段ボール箱　●カラー片段ボール
●アルミホイル　●牛乳パック　●ペットボトル　●粘土　●スズランテープ　●割りピン　●クラフトテープ

家の背景

模造紙

子どもといっしょに！
大きな模造紙に絵を描きます。絵本を参考にして子どもたちといっしょに考えたり、色を塗ったりしましょう。

広場の背景

※背景は重ねてはっておいたり、すぐ元に戻せるよう両端を引っ掛けられるようにしておいたりしましょう。

3〜4歳児向き　おおかみと7ひきのこやぎ

扉
板段ボールに色画用紙をはります。

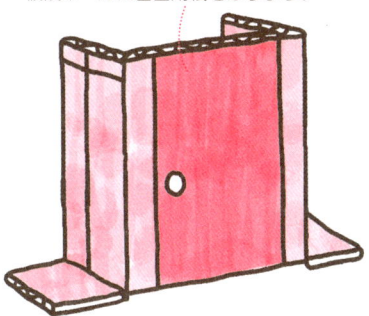

※子どもが手を伸ばしたときに、上から手のひらが出るくらいの高さにします。

机
板段ボールに色画用紙をはります。

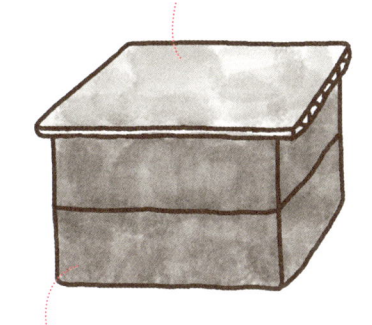

段ボール箱を重ねてクラフトテープでつなぎ、周りに色画用紙をはります。

時計
段ボール箱を重ねてクラフトテープでつなぎ、周りに色画用紙をはります。

円く切った画用紙に時計の針や文字盤を描いてはります。

画用紙
黒色の色画用紙

井戸
中におもしの粘土を入れた牛乳パックを、裏側にクラフトテープで固定します。

カラー波段ボールを輪にしてクラフトテープで留め、切り込みを入れます。

草
板段ボールに緑色の色画用紙をはります。

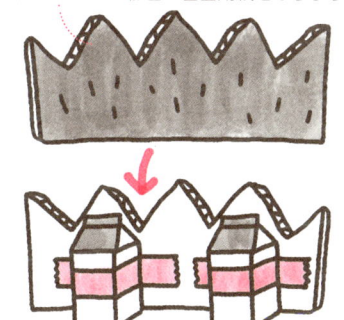

中におもしの粘土を入れた牛乳パックを、裏側にクラフトテープで固定します。

木
板段ボールに緑色の色画用紙をはります。

水を入れたペットボトル（おもし）

段ボール箱の周りに茶色の色画用紙をはります。

石
①新聞紙の全面にグレーの絵の具を塗ります。

②乾いたら裏返し、丸めた新聞紙を包んで、両面テープではります。

針・糸
スズランテープ

段ボールにアルミホイルを巻いて、セロハンテープで留めます。

ハサミ
割りピン
段ボール

アルミホイルを巻いて、セロハンテープで留めます。

そのほかの準備物　●大きなカゴ　●シーツ　●黒い手袋　●白い手袋　●手袋を入れておく布袋

脚本

登場人物
- おかあさんヤギ
- 子ヤギたち（1〜7）
- オオカミ

※ひとつの役を数人で演じる。交代で演じるなど、人数に合わせて登場人物を振り分けましょう。

[使える！脚本データ]
脚本⑧

ナレーター：あるところに、おかあさんヤギと7匹の子ヤギが住んでいました。子ヤギたちは、きょうも仲よく遊んでいます。

CD ⑳ ♪B・G・M／『メリーさんのひつじ』（楽譜P・102）を繰り返す。

　　おかあさんヤギ・子ヤギが、右側から スキップしながら登場。舞台を1周して中央に止まる。オオカミは、黒い手袋を着けて木の後ろに隠れている。

おかあさんヤギ：おかあさんは買い物に行ってきますよ。オオカミが来ても、絶対にドアを開けてはいけませんよ。

子ヤギたち：はーい。

おかあさんヤギ：おかあさん行ってらっしゃい。行ってきます。

CD ⑳ ♪B・G・M／『メリーさんのひつじ』（楽譜P・102）

ナレーター：おかあさんヤギが出かけたので、子ヤギたちは遊び始めました。

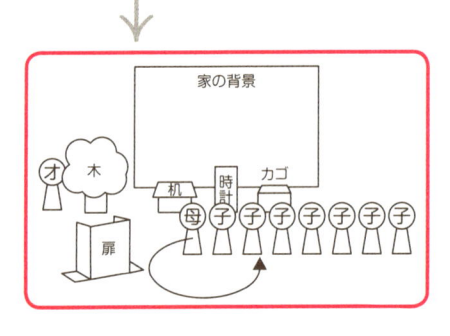

　　おかあさんヤギは、スキップしながら左側に退場。子ヤギたちは、舞台中央に集まる。

子ヤギ（1）：何して遊ぶ？

（家の背景：オ木／扉／机／時計／母子子子子子子子／カゴ）

094

3〜4歳児向き　おおかみと7ひきのこやぎ

子ヤギ（2）「トントントンなんの音」にしよう。
子ヤギたち　やろう、やろう。
子ヤギ（3）わたしが鬼になるね。

CD ㉑
歌（子ヤギたち）

♪あぶくたった　にえたった　にえたかどうだか　たべてみよう　むしゃむしゃむしゃ　あぶくたった　にえたった　にえたかどうだか　たべてみよう　まだにえない　にえたかどうだか　たべてみよう　むしゃむしゃむしゃ　もうにえた

B・G・M／『あぶくたった』
（楽譜P.102）

子ヤギたちのひとりが鬼役になり、中央に座る。ほかの子ヤギはその周りを囲んで輪になる。子ヤギたちは歌いながら、わらべうた遊びをする。

① ♪あぶくたった…たべてみよう 
輪になって手をつなぎ、うたいながら鬼役の周りを歩いて回ります。

② ♪むしゃむしゃむしゃ
丁度離しに中央に集まり、鬼役の頭を食べるふりをします。

③ ♪まだにえない… 
輪に戻って手をつなぎます。次の「♪あぶくたった…もうにえた」まで、①〜③を繰り返します。

④ 鬼「トントントン」
　 輪「なんのおとー！」 
手をつないだまま、鬼役と言葉のやりとりをします。

⑤ 鬼「かぜのおと」
　 輪「あー　よかった」 
鬼役はなんの音かを変えて言いながら、④〜⑤を数回繰り返します。

⑥ 鬼「オオカミのおと！」
　 輪「わー　にげろ！」 
鬼役は追いかけて、捕まった子どもと交代します。

子どもといっしょに！
＊この脚本では劇がスムーズに進行するよう子ヤギ③が自分から鬼役になりますが、ふだん遊ぶときのように、劇中でもジャンケンで鬼役を決めてもよいでしょう。

子どもといっしょに！
＊『あぶくたった』の後で鬼役が言う内容は、子どもたちと考えて決めたものを取り入れましょう。

脚本

ナレーター	オオカミは、子ヤギたちのようすを木陰で見ていました。
オオカミ	うまそうだなあ。おかあさんのふりをして、家に入ってやるぞ。
ナレーター	オオカミは、子ヤギたちが遊んでいる家にやって来ました。
CD㉒	♪効果音／扉をノックする音
オオカミ	おかあさんよ、開けてちょうだい。
子ヤギ（4）	あっ、おかあさんだ。
子ヤギ（5）	おかあさんは、そんなガラガラ声じゃないよ。
子ヤギ（6）	おかあさんじゃない。
子ヤギたち	おまえはオオカミだ！
CD㉓	♪効果音／ばれた音（楽譜P.103）
オオカミ	ばれたか
ナレーター	オオカミは、ハチミツを飲んでアメを食べて、きれいな声にしました。

オオカミは、木の横から前に出て、家の扉の裏に立つ。

子ヤギたちは、ガラガラ声で言う。子ヤギたちは、扉の前に集まる。

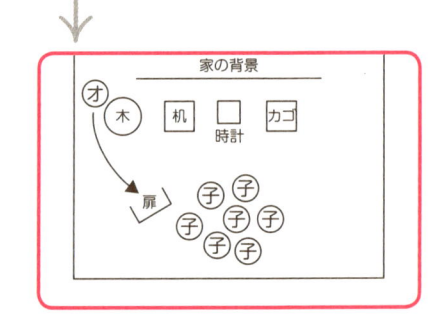

オオカミは頭を抱え、舞台左側に立つ。子ヤギたちは、中央で円陣を組む。

オオカミは、飲んでいるまねをする。

家の背景：オ木／机／時計／カゴ／扉／子子子子子

3〜4歳児向き　おおかみと7ひきのこやぎ

ナレーター	そして、子ヤギたちのところに向かいました。	オオカミは、家の扉の裏に立つ。
CD ㉒	♪効果音／扉をノックする音	
オオカミ	おかあさんよ。開けてちょうだい。	オオカミは、きれいな声で言う。
子ヤギ（7）	おかあさんだ。きれいな声だよ。	子ヤギたちは、扉の前に集まる。
子ヤギ（1）	だめ！　手を見せて。	
オオカミ	ほーら	オオカミは、扉の窓から手を見せる。
子ヤギ（2）	真っ黒だ。おかあさんじゃない！	
子ヤギたち	おまえはオオカミだ！	
CD ㉓	♪効果音／ばれた音（楽譜P・103）	
オオカミ	ばれたか	オオカミは、頭を抱え、舞台左側に立つ。子ヤギたちは、中央で円陣を組む。
ナレーター	オオカミは小麦粉を付け、手を真っ白にしました。	オオカミは、着けていた黒い手袋を外し、袋から白い手袋を出して両手に着ける。
	そして、子ヤギたちのところに向かいました。	オオカミは、家の扉の裏に立つ。

097

脚本

CD ㉒
オオカミ ♪効果音／扉をノックする音
オオカミ おかあさんよ、開けてちょうだい。
子ヤギ（3） オオカミかもしれない。手を見せて。
オオカミ ほーら
子ヤギ（4） おかあさんだ。お帰りなさい。
オオカミ ただいま、おかあさんだよ。おまえたちを食べてやる。
子ヤギたち キャー！ オオカミだ！ 助けて。

CD ㉔
♪B・G・M／『メリー ゴーランド』（楽譜P.102）

オオカミ よーし、全部見つけて食べてやるぞ。
CD ㉕ ♪効果音／見つかった音（楽譜P.103）
オオカミ 見ーつけた。パクパク。
かくれんぼうか。

子ヤギたちは、扉の前に集まる。

オオカミは、扉の上に手を伸ばして見せる。

オオカミは、ドアの影から出て、怖い声で言う。

オオカミが、追いかける。

子ヤギたちは、家の中を逃げ回る。
子ヤギ(1)・(2)は、机の裏に隠れる。
子ヤギ(3)・(4)は、カゴからシーツを出してくるまる。
子ヤギ(5)・(6)は、カゴの中に隠れる。
子ヤギ(7)は、時計の裏に隠れる。

オオカミがゆっくり歩いて回り、机の裏をのぞく。

オオカミが子ヤギを食べるまねをする。
子ヤギ(1)・(2)が退場。

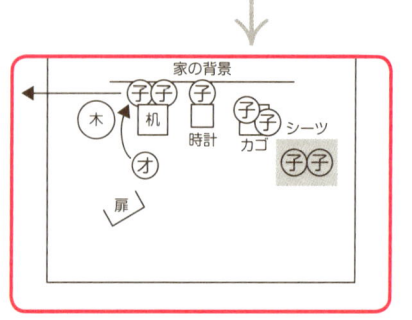

3～4歳児向き　おおかみと7ひきのこやぎ

CD㉕　オオカミ	♪効果音／見つかった音（楽譜P.103） 見ーつけた。パクパク。 オオカミは、シーツをめくる。
CD㉕　オオカミ	♪効果音／見つかった音（楽譜P.103） 見ーつけた。パクパク。 オオカミが子ヤギを食べるまねをする。 子ヤギ⑶・⑷が退場。
CD㉕　オオカミ	♪効果音／見つかった音（楽譜P.103） 見ーつけた。パクパク。 オオカミが子ヤギを食べるまねをする。 子ヤギ⑸・⑹が退場。
CD㉖	♪効果音／おなかいっぱいの音（楽譜P.103）
オオカミ	あーおなかがいっぱいだ。 オオカミは、おなかをさすりながら左側に退場。
ナレーター	おなかいっぱいになったオオカミは、眠くなったので広場に行き、お昼寝を始めました。 何も知らないおかあさんヤギが、家に帰って来ました。
CD⑳	♪B・G・M／『メリーさんのひつじ』（楽譜P.102） おかあさんヤギは、右側からスキップしながら登場し、中央に立つ。
おかあさんヤギ	ただいま。あら、子ヤギたちがいないわ。みんなー、どこにいるの。 両手を口元に当て、歩き回りながら叫ぶ。
子ヤギ⑺	おかあさん、怖かったよー。オオカミが来て、みんなを食べたの。 子ヤギ⑺が、時計の裏から出てくる。おかあさんヤギと抱き合う。
おかあさんヤギ	まあ大変！急いでオオカミを探しましょう。
CD㉗	♪B・G・M／『メリーさんのひつじ』（楽譜P.102）を短調で暗く弾く。 ＊暗いイメージにするには、「ラ」を半音下げて黒鍵を弾きます。

家の背景
木　机　子　カゴ
時計　シーツ
扉　母

099

脚本

	セリフ	ト書き
ナレーター	おかあさんヤギと末の子ヤギは、オオカミを探して広場にやって来ました。おちらこちら探して、やっとオオカミを見つけ出しました。	広場の背景に変える。オオカミは、舞台中央で寝ている。子ヤギ(1)〜(6)が、オオカミの後ろの草に隠れる。
CD㉗	♪B・G・M／『メリーさんのひつじ』（楽譜P.102）を短調で暗く弾く。	おかあさんヤギ・子ヤギ(7)は、右側から登場して、静かに右の草の後ろに隠れる。
子ヤギ(7)	うん、わかった！	
CD㉘	♪B・G・M／『アビニョンの橋の上で』（楽譜P.103）	おかあさんヤギがオオカミのそばに行く。
おかあさんヤギ	急いでハサミと糸と針を持ってきてちょうだい。	
子ヤギ(7)	おなかが動いているよ。	
おかあさんヤギ	オオカミが寝ているわ。	子ヤギ(7)は右側に退場し、ハサミ・糸を通した針を持っておかあさんヤギのところに戻る。
子ヤギ(7)	はい、おかあさん。	ハサミ・糸を通した針を渡す。
おかあさんヤギ	さあ切るわよ。	ハサミでオオカミのおなかを切るまねをする。
CD㉙	♪効果音／ハサミで切る音	子ヤギ(1)・(2)が草の後ろからジャンプして出てくる。
CD㉙	♪効果音／ハサミで切る音	子ヤギ(3)・(4)が草の後ろからジャンプして出てくる。
CD㉙	♪効果音／ハサミで切る音	子ヤギ(5)・(6)が草の後ろからジャンプして出てくる。
子ヤギたち	おかあさん、ありがとう。	
おかあさんヤギ	みんな、大きな石を持っておいで。	

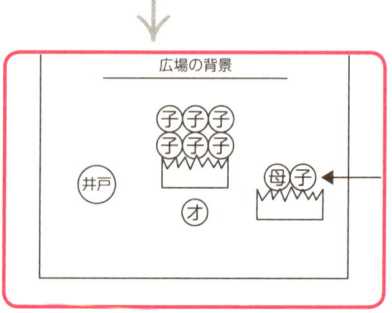

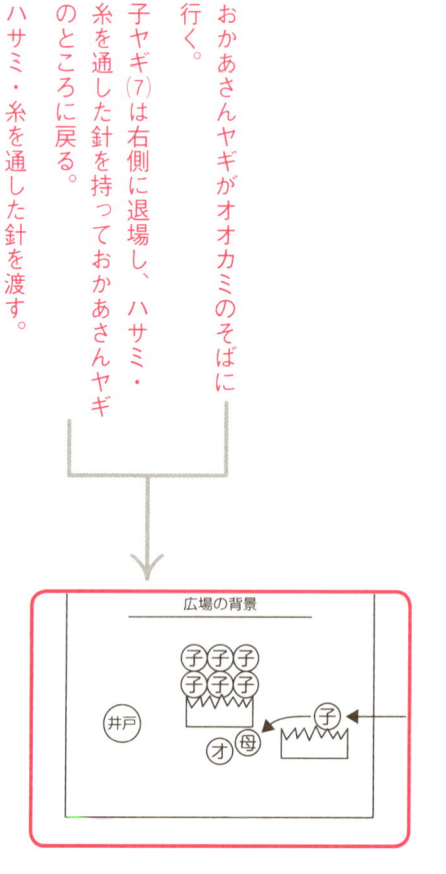

3〜4歳児向き　おおかみと7ひきのこやぎ

役	セリフ・音	ト書き
子ヤギたち	はーい。	子ヤギたちは右側に退場し、おかあさんヤギのところに戻る。
CD ㉚	♪効果音／縫う音	おかあさんヤギはオオカミのおなかに石を入れて、針と糸で縫い付ける。
おかあさんヤギ	みんな、隠れましょう。	おかあさんヤギ・子ヤギたちは草の後ろに隠れる。
CD ㉛	♪効果音／目が覚めた音（楽譜P・103）	オオカミが立ち上がる。
オオカミ	あーよく寝た。のどが渇いたな。おなかが重たいぞ。井戸を見つけ、オオカミが身を乗り出したときです。	おなかを抱えて井戸に向かって歩く。
ナレーター		
CD ㉜	♪効果音／水に落ちる音	オオカミは、井戸の中に入る。
子ヤギ（7）	やったー。オオカミをやっつけたぞ！	
子ヤギたち	ワー！やったー！	
CD ⑳	♪B・G・M／『メリーさんのひつじ』（楽譜P・102）	おかあさんヤギ・子ヤギたちは、ジャンプして喜ぶ。おかあさんヤギ・子ヤギたちは、スキップして自由に舞台を駆け回った後横1列に並び。みんなで考えたポーズを決める。
ナレーター	こうして、怖いオオカミはいなくなり、おかあさんヤギと子ヤギたちは楽しく暮らしました。おしまい。	

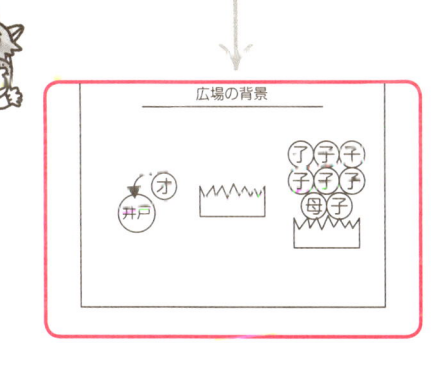

101

使用曲

CD⑳ P.94・99・101で使用
CD㉗（短調） P.99〜101で使用

メリーさんのひつじ

アメリカ民謡　編曲：永井裕美

＊P.99・100では短調で弾いて暗いイメージにします。「ラ」（矢印部分）を半音下げて、黒鍵を弾きます。

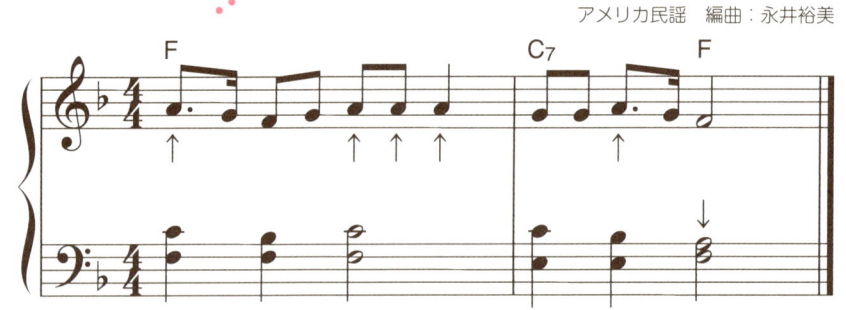

CD㉑ P.95で使用

あぶくたった

わらべうた　編曲：永井裕美

あぶく たった にえたった にえたか どうだか たべてみ よう　むしゃむしゃ むしゃむしゃ むしゃ むしゃ　まだにえ ないもうにえ た

CD㉔ P.98で使用

メリー　ゴーランド

外国曲　編曲：永井裕美

3～4歳児向き　おおかみと7ひきのこやぎ

CD㉘ P.100で使用

アビニョンの橋の上で

フランス民謡　編曲：永井裕美

CD㉓ P.96・97で使用

ばれた音

作曲：永井裕美

CD㉕ P.98・99で使用

見つかった音

作曲：永井裕美

CD㉖ P.99で使用

おなかいっぱいの音

作曲：永井裕美

CD㉛ P.101で使用

目が覚めた音

作曲：永井裕美

ほか、使用する効果音　CD㉔扉をノックする音／CD㉙ハサミで切る音／CD㉚縫う音／CD㉜水に落ちる音

103

サルとカニ

3〜5歳児向き

お話のポイント

このお話は、カニの子どもたちが仲間といっしょに、サルをやっつける場面が盛り上がります。悪いことをすると自分に返ってくるよという意味も含めたお話です。

絵本から劇あそびへ保育の流れ

カニが種を植え、早く生長してほしい気持ちを表した言葉が、とても愉快で聞き入ってしまいます。好きなように子どもたちに表現してもらい、そのときの姿を観察しておくと、脚本に生かせる部分が見つかるでしょう。

絵本のせりふで遊ぼう

カキの種が生長するときのカニのせりふは、絵本に書いてある言葉を使うと、表現しやすいです。
言葉だけで言ってみたり、音を入れたりして、いろいろ試してみましょう。子どもたちから、よいアイディアが出てきたら迷わずやってみましょう。

はやく めをだせ かきのたね

サルとカニ

3～5歳児向き

登場人物の動きを楽しもう

カニやサル、ハチ、クリ、コンブ、臼などいろいろな動きをしてみましょう。コンブや臼などが歩くとしたら……想像できないことを考えてみるのも楽しいです。動きが決まったらみんなでやってみましょう。やりたい役が決めやすくなります。

カキを作ろう

赤いカキ、青いカキ、色や大きさなど、いろいろ作ってみましょう。新聞紙を丸め、セロハンテープで留めます。表面を橙色や黄緑色の色紙や色画用紙をちぎり、のりではっていきます。のりが乾いたら、茎や葉を付けて完成です。
カキ狩りを楽しんだり、ままごとに使ったりして楽しみましょう。

かくれんぼうをして遊ぼう

サルが鬼役で、カニ、ハチ、クリ、コンブ、臼、が隠れるなどして、遊んでみましょう。静かに隠れる、物から見えないように隠れるなど、子どもたちも工夫して遊びが広がっていくようすを見ます。鬼役は順番に交代して、隠れることを中心に楽しんでみましょう。

子どもたちの姿を大切に

子どもたちの遊ぶようすを観察しておき、反応や行動から脚本へとつなげていきましょう。クラスならではの内容になって、子どもたちの意欲も高まっていくでしょう。

登場人物の衣装

ハサミやクリのイガなど、
それぞれの登場人物の特徴を話しながらいっしょに作りましょう。

材料
- カラーポリ袋
- 不織布
- 色画用紙
- クリアフォルダー
- 段ボール
- カラービニールテープ
- カラー布粘着テープ
- キラキラテープ
- スズランテープ
- リボン
- 平ゴム
- モール
- 丸シール
- セロハンテープ

※お面の型紙はCDに収録

サル
- 色画用紙 型紙㉝
- 不織布
- セロハンテープではる
- 〈後ろ〉
- カラーポリ袋
- カラーポリ袋に綿を詰める

カニ [子ども・母親]
- 色画用紙 型紙㉙㉛
- 内側を縫い合わせる
- 母は、不織布のスカーフを巻く
- 〈ハサミ〉型紙㉚㉜
- 段ボールに色画用紙をはる
- 太めの平ゴムを輪にしてはる

基本の作り方
（カニ、サル、コンブ、クリ）
- 頭が通りやすいように、後ろに切り込みを入れる
- カラーポリ袋
- 下¼をカット

子どもといっしょに！
キラキラテープや不織布、丸シールで模様を付ける

臼
- リボン
- 前と後ろをリボンで結ぶ
- 段ボールに色画用紙をはる 型紙㊲

子どもといっしょに！
臼の模様をイメージして描いてもいいですね。

コンブ
- 不織布 型紙㊱
- カラービニールテープ

子どもといっしょに！
海の中で揺られているコンブの形をイメージして、不織布を切ってみましょう。

ハチ
- 色画用紙
- モール
- クリアフォルダー 型紙㉟
- 粘着布テープではる
- 上下をセロハンテープで留める
- 表に返す
- 裏返す
- ½のカラーポリ袋
- ゴムを通してから最後に留める
- 布粘着テープ

クリ
- 色画用紙 型紙㉞
- 基本形をさらに10cm程短く切る
- 〈イガ〉
- 結び目を作る
- 結ぶ
- スズランテープ
- 裂く

106

3〜5歳児向き　サルとカニ

セット・小道具

このお話は小道具もキーポイントに。「おにぎりを握ろう！」「カキは何色かな？」など、ことばがけしながら作りましょう。

材料　●模造紙　●新聞紙　●色画用紙　●段ボール　●段ボール箱　●カラーポリ袋　●牛乳パック

おにぎり
- 白い紙の中に丸めた新聞紙を入れ、形を整える。 
- 外側に黒色画用紙（のり）をはる。

サルの家の背景
模造紙

山の背景

カキの木
段ボール箱に絵をはる。
〈1段目〉芽
〈2段目〉1段目の続きの枝
〈3段目〉3段に重ねた反対側にカキの木の全体像

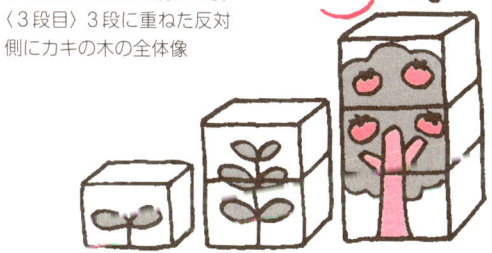

カキの実
オレンジ色や黄緑色のカラーポリ袋を四角に切り、中に紙を詰めてセロハンテープで留める。 
色画用紙で葉を作る。

カキの種
段ボールを切り、色画用紙をはる。

水がめ
段ボールを切り、色画用紙をはったり、色を塗ったりする。
段ボール箱にはる

火
段ボールを切り、色画用紙をはったり、色を塗ったりする。
囲いは牛乳パックに色画用紙を巻いてつける。
段ボール箱にはる

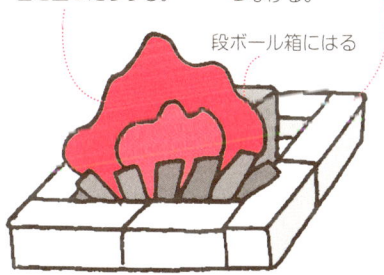

そのほかの準備物　●ジョウロ

脚本

登場人物
- カニ
- サル
- クリ
- 臼
- ハチ
- コンブ
- 子どものカニ

※ひとつの役で演じる、交代で演じるなど、人数に合わせて登場人物を振り分けましょう。

[使える！脚本データ] **脚本⑨**

ナレーター	むかしむかしのおはなしです。カニが散歩の途中でおにぎりを拾いました。
CD㉝	♪B・G・M『グーチョキパーでなにつくろう』（楽譜P.116）
ナレーター	そこへサルがやって来ました。
カニ	いいものみーつけた　いただきまーす。
CD①	♪B・G・M『むすんでひらいて』（楽譜P.116）
サル	カニさん　おむすびとカキの種を取り替えっこしよう。
カニ	いやだ　おむすびがいいよ。
サル	おむすびは食べたらなくなるけど、カキの種を植えたらね…おいしいカキの実が毎年食べられるよ。

（カニが音楽に合わせて舞台を横歩きしながら登場。）

（サルがスキップしながら登場し、カニの横に立つ。）

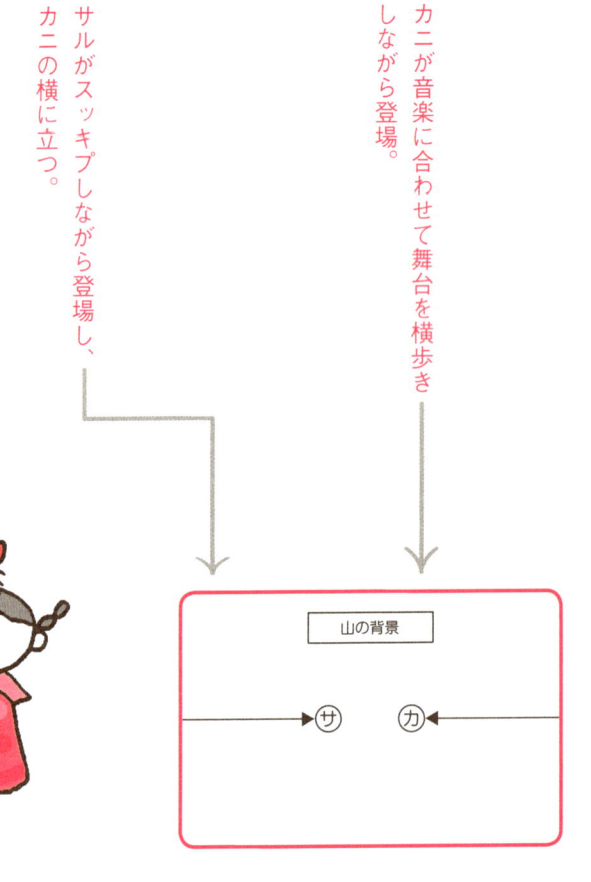

山の背景　→サ　カ←

3〜5歳児向き　サルとカニ

役	セリフ・ト書き	動作
カニ	なるほど	ちょっと間を取る。
ナレーター	うん　取り替えっこしよう。	カニとサルはおにぎりと種を交換し、サルはおにぎりを食べる。
CD㉞	サルとカニは取り替えっこをして、きげん良く家に帰りました。	
ナレーター	♪B・G・M『むすんでひらいて』 （楽譜P・116‥1オクターブ上）	カニは横歩き、サルはスキップしながら退場。
CD㉟	カニはさっそく庭にカキの種を植えました。毎日水をあげながら、話しかけていました。	カニがジョウロを持ち横歩きをしながら登場。カキの木を出す。
ナレーター	♪B・G・M『グーチョキパーでなにつくろう』 （楽譜P・116‥初めの4小節）	
カニ	はやく　めをだせ　かきのたね だ さぬとはさみで　ほじくるぞ	水やりのまねを続ける。
ナレーター	ほじくられては大変、カキの種は慌てて芽を出しました。	芽を出す。
カニ	はやく　きになれ　かきのめよ ならぬとはさみで　ちょんぎるぞ	水やりのまねを続ける。
ナレーター	ちょんぎられては大変。カキの種は慌てて大きな木になりました。	大きな木を出す。
カニ	はやく　みがなれ　かきのきよ ならなきゃはさみで　ちょんぎるぞ	

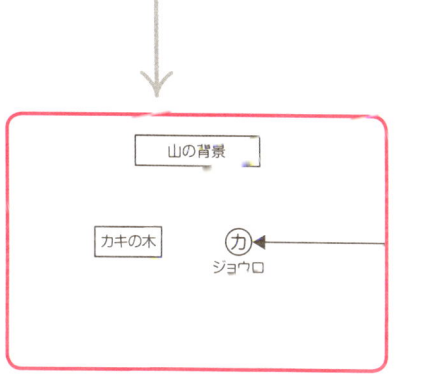

109

脚本

ナレーター	切られては大変。カキの木は大急ぎでたくさん実をつけました。カニは大喜びさっそく食べようとハサミを伸ばしましたが届きません。そこへ、サルがやって来ました。	カキの実をつけた木を出す。
CD㊱	♪B・G・M『むすんでひらいて』(楽譜P.116…5〜8小節)	サルがスキップしながら登場。
サル	わー おいしそうなカキがあるぞ。カニさん とってやるよ。	
カニ	ありがとうサルさん。	
ナレーター	サルはカキの木に登ると、次から次へと食べ始めました。	カキを両手に持ち食べるまねをする。
カニ	サルさん、わたしにもくださいな。	
サル	いいよ このあおいカキを食べな！	木の裏からカキを出し投げる。
カニ	えーい	
カニ	いたーい	その場にバタっと倒れる。

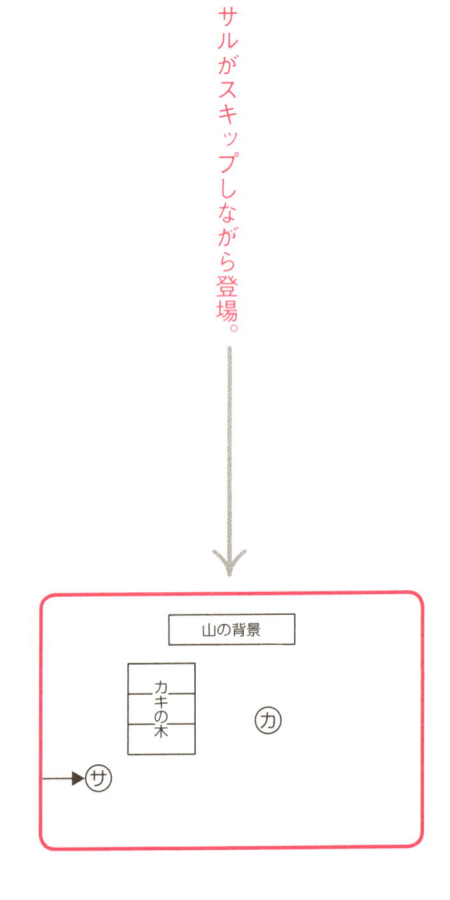

110

3〜5歳児向き　サルとカニ

ナレーター：カキの実が当たり、カニは死んでしまいました。しばらくすると、カニの子どもたちが生まれてきました。

カニの子ども：えーん　えーん　おかあさーん

ナレーター：カニの子どもたちが泣いていると、臼とクリとハチとコンブがやってきました。

CD 06　♪B・G・M／『げんこつやまのたぬきさん』（楽譜P・116）

→ サルとカニが退場し、カニの子どもが泣きながら登場。

臼：どうしたの？

カニの子ども：サルがカキを投げて、おかあさんが死んじゃったよー　えーん　えーん

クリ：なんてひどいことをするんだ。

カニの子ども：サルをギャフンと言わせてやるー　わたしたちも仲間に入るよ。

ハチ：ありがとう

カニの子ども：ありがとう

コンブ：それでは　しゅっぱーつ

みんな：おー

→ 臼、クリ、ハチ、コンブが登場。

脚本

	セリフ／ト書き
CD ⓿2	♪ B・G・M『ごんべさんのあかちゃん』（楽譜P.117） 行進曲に合わせて舞台を一周し、音楽が止まると前を向いて足を止める。
ナレーター	みんなそろって、サルの家に向かいました。 カキの木をさげて、背景をサルの家に変え、火と水がめを出す。
ナレーター	サルの家につくと、留守でした。みんなは、サルをやっつける方法を話し合いました。 背景が変わったのを確認後。 全員で円陣を組んで、話し合いをする。
みんな	きーまった サルをやっつけるぞー オー 横一列になる。
ナレーター	クリは火の中へ、 ナレーターに合わせて、場所を移動して隠れる。
CD ㊲	♪ B・G・M／ポン（楽譜P.117） クリが火の後ろへ隠れる。
ナレーター	ハチは入り口へ、 ハチが入り口（上手）のほうへ行く。
CD ㊳	♪ B・G・M／ポンポン（楽譜P.117）
ナレーター	カニの子どもたちは水の中に、 カニの子どもたちが水がめの後ろへ隠れる。
CD ㊴	♪ B・G・M／ポンポンポン（楽譜P.117）
ナレーター	コンブは入り口へ、

家の中の背景

火　水　円陣

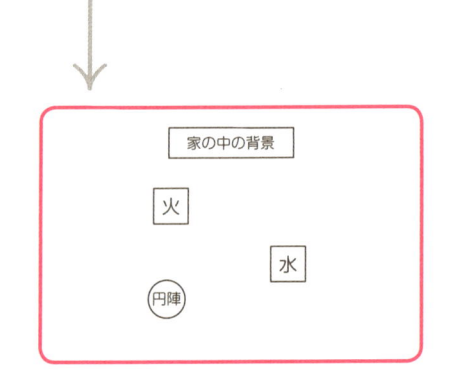

112

3〜5歳児向き　サルとカニ

役	セリフ・音楽	ト書き
CD ㊵	♪B.G.M／ポンポンポンポン（楽譜P.117）	コンブが入り口（上手）のほうへ行く。
ナレーター	臼は屋根の上に	
CD ㊶	♪B.G.M／ポンポンポンポン（楽譜P.117）	臼が下手のほうへ行く。
ナレーター	それぞれ隠れて、サルが帰るのを静かに待ちました。しばらくして、サルが帰ってきました。	
CD ㊱	♪B.G.M／『むすんでひらいて』（楽譜P.116 ：5〜8小節）	サルがスキップしながら登場。
サル	寒い寒い　こんなときは火にあたろう。	サルが火のそばに行く。
ナレーター	そのときです。	
CD ㊷	♪効果音／パチパチパチーン（はじける音）	クリが火の中から元気よく出る。
サル	いたーい　おしりがいたい。	サルが飛び跳ねる。
クリ	やったー　大成功	クリが飛び上がって喜ぶ。
サル	お水　お水	サルが水がめのそばに行こうとする。
ナレーター	そこへやって来たのが	

家の中の背景
ク 火
ウ
水
臼　サ
ハコ

脚本

	セリフ	ト書き
CD㊸	♪効果音／ブーン チクリ	
ハチ		ハチが入り口から出てきて、サルの鼻を刺すまねをする。
サル	いたーい 鼻がいたい	サルが鼻を押さえる。
ハチ	やったー 大成功	ハチが飛び上がって喜ぶ。
サル	お水 お水	
ナレーター	すると サルは鼻とおしりを冷やそうと、水がめに手をつっ込みました。	サルが鼻とおしりを押さえながら水がめのほうへ行き、手を入れようとする。
CD㊹	♪効果音／チョキチョキチョキ チョキチョキチョキ	カニが水の中から出てきて、サルの指を切るまねをする。
サル	いたーい 指がいたい	
カニ	やったー 大成功	カニが飛び上がって喜ぶ。
サル	たすけてー だれかたすけてー	
ナレーター	慌てて外へ駆け出すと、コンブを踏んで	サルが入り口に行く。コンブが入り口から出る。サルが滑って転ぶまねをする。
CD㊺	♪効果音／ツルン すってんころりん	
コンブ	やったー 大成功 臼君 最後はよろしく	コンブが飛び上がって喜ぶ。

114

3〜5歳児向き　サルとカニ

役	セリフ	ト書き
臼	どすこーい	
CD46	♪効果音／ドッスーン	臼がサルの横にジャンプする。
ナレーター	臼がサルの上に落ち、サルは苦しくて動けません。	
サル	えーん　えーん　ごめんなさーい	サルが泣くまねをする。
カニの子ども	たすけてーたすけてーごめんなさーい　もういやがることはしないから	
サル	ごめんなさーい	
ナレーター	みんな　聞いた？　サルさん　約束だよ。	
みんな	はい。	
サル	それじゃ　ゆびきりしよう　ゆびきりげんまん　うそついたら　クリパッチン　ハチチックン　カニチョッキン　コンブすってん　臼どっすん　やーるぞ　ゆびきった	みんなで小指を出す。
ナレーター	こうしてサルは必死でみんなにあやまったとさ。	サルがおじぎをする。

115

使用曲

CD㉝ P.108で使用
CD㉟ 初めの4小節
P.109で使用

グーチョキパーでなにつくろう

作詞不詳　外国曲　編曲：永井裕美

CD① P.108で使用
CD㉞ 1オクターブ上　P.109で使用
CD㊱ 5～8小節　P.110・113で使用

むすんでひらいて

作詞不詳　作曲：J.J.ルソー　編曲：永井裕美

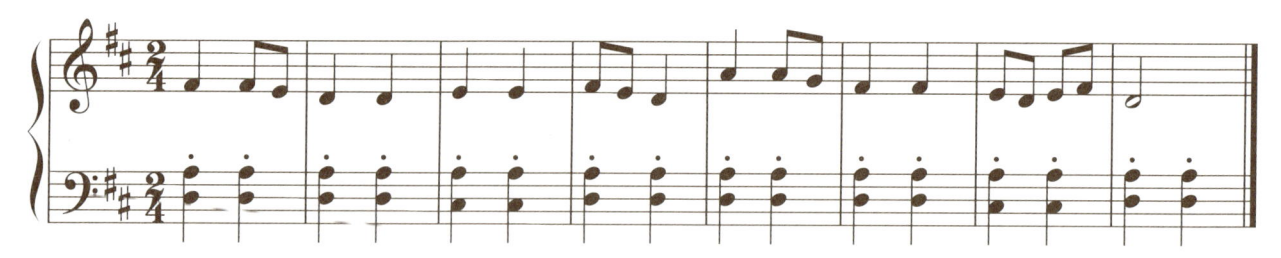

CD⑥
P.111で使用

げんこつやまのたぬきさん

わらべうた　編曲：永井裕美

116

3～5歳児向き　サルとカニ

ごんべさんのあかちゃん

CD 02　P.112で使用

作詞不詳　アメリカ曲　編曲：永井裕美

CD 37　P.112で使用
ポン
（クリは火の中へ）

作曲：永井裕美

CD 38　P.112で使用
ポンポン
（ハチは入り口へ）
※左の楽譜の音を続けて2回弾く

CD 39　P.112で使用
ポンポンポン
（カニの子どもたちは水の中に）
※左の楽譜の音を続けて3回弾く

CD 40　P.113で使用
ポンポンポンポン
（コンブは入り口へ）
※左の楽譜の音を続けて4回弾く

CD 41　P.113で使用
ポンポンポンポンポン
（臼は屋根の上に）
※左の楽譜の音を続けて5回弾く

ほか、使用する効果音

- CD 42　パチパチパチーン（はじける音）／ CD 43　ブーン　チクリ／
- CD 44　チョキチョキチョキチョキ　チョキチョキチョキチョキ／
- CD 45　ツルン　すってんころりん／ CD 46　ドッスーン

くすのきだんちは10かいだて

3〜5歳児向き

お話のポイント

くすのきだんちの住人はコミュニケーションを大切にし、楽しく生活しています。カケスのたまごをねらいにやってきたヘビを追い出すため、一致団結します。隣近所のつながりが薄くなっている現在、人の優しさが心に響くお話です。

『くすのきだんちは10かいだて』
作／武鹿悦子　絵／末崎茂樹
発行／ひかりのくに

絵本から劇あそびへ保育の流れ

絵本の中で盛り上がる部分を子どもたちといっしょに、考えてみましょう。驚かせる方法や物を運ぶやりかたなど、みんなで劇の内容を作り上げていきましょう。

くすのきだんちを作ろう

絵本のシリーズから、イメージしやすい『くすのきだんち』を選び、板段ボールなどで作ってみましょう。
大きな木ができ上がると、窓から顔を出したり話しをしたりして、遊びが始まります。劇あそびのヒントにもなるので、ようすを見ておきましょう。

118

3〜5歳児向き　くすのきだんちは10かいだて

登場のしかたを考えよう

1学期から取り組んでいるリズムあそびや歌の中から、動物の動きに合う曲や動きを思い出してみましょう。子どもたちに任せてみると、おもしろい動きや遊びを考えてくれます。

リレーをしよう

横一列や縦一列に並び、箱やボールなどを順番にリレーしていきます。スピード重視ではなくていねいに渡すことを心がけます。劇あそびの中では、引っ越しのシーンに当てはまるので、慌てずていねいに荷物を渡す姿が見られるでしょう。

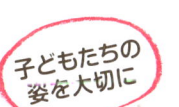

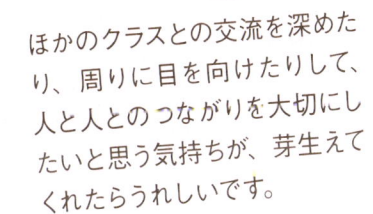

驚かす動作を考えよう

絵本の中に出てくる、ヘビを追い出す方法をみんなで考えてみましょう。大きな音を出す、物をたたく、ライトで照明を変化させるなど、子どもたちといっしょに出し合い、実際にやってみます。子どもたちの反応や気持ちを聞くなどしていきましょう。

> 子どもたちの姿を大切に

ほかのクラスとの交流を深めたり、周りに目を向けたりして、人と人とのつながりを大切にしたいと思う気持ちが、芽生えてくれたらうれしいです。

119

登場人物の衣装

絵本の中の登場人物をイメージした一例です。
子どもたちのアイディアでいろいろ作ってみましょう。

材料 ●カラーポリ袋 ●不織布 ●色画用紙 ●カラービニールテープ ●キラキラテープ ●丸シール ●ひも ●安全ピン ●マジックテープ ●厚紙

※お面の型紙はCDに収録

準備

基本の作り方

単位はcm

〈スカート〉
折り返してセロハンテープで留め、平ゴムを通す
80+1.5
65
※カラーポリ袋にセロハンテープをはるときは、表にはると肌の傷付きを防ぎます。
※不織布の場合は、裏側で縫って表に返します。

〈ズボン〉
セロハンテープで留める
折り返し、セロハンテープで留めて平ゴムを通す
50+1.5
60+1.5
30
Ⓐ すそのしぼりなし

Ⓐのようにはった後、すそ部分も平ゴムを通す
65+1.5
60+3
31.5
Ⓑ すそのしぼりあり

Ⓐ 前を切って折り返し、カラービニールテープをはる
Ⓑ 後ろを切って折り返し、両面テープで留めるひもを通す

〈ベスト〉
18 65 16
20
前
36
切る
36+1 (縫いしろ)
縫う

サル
色画用紙 型紙㊷
カラービニールテープ
〈しっぽ〉安全ピンで留める
ベストⒷ 不織布
ズボンⒷ カラーポリ袋
カラービニールテープ
綿を不織布でくるんで接着剤ではり、形を整える

ウサギ
色画用紙 型紙㊵㊶
不織布
ベストⒷ
丸シール
カラーポリ袋
〈しっぽ〉綿を不織布で包む
スカート カラーポリ袋

キツネ
カラービニールテープ
〈しっぽ〉安全ピンで留める
色画用紙 型紙㊴
ベストⒷ 不織布
ズボンⒶ カラーポリ袋
カラービニールテープ
綿を不織布でくるんで接着剤ではり、形を整える

モグラのもぐ
色画用紙 型紙㊳
ベストⒶ 不織布
カラービニールテープ
ズボンⒷ カラーポリ袋

子どもといっしょに！
リスの女の子は、脚本に登場していませんが、人数や子どもの声に応じて登場させるといいでしょう。

〈エプロン〉
厚紙を挟んで巻く
不織布
穴をあけてひもを通して結ぶ
不織布をひだを付けながらセロハンテープではる
スカート カラーポリ袋

リス
色画用紙 型紙㊹㊺
丸シール
ベストⒷ 不織布
ベストⒷ カラーポリ袋
〈しっぽ〉安全ピンで留める
綿を不織布でくるんで接着剤ではり、形を整える

〈スカーフ〉
ジャバラに折って両面テープで留める
65
65
不織布
マジックテープ

〈エプロン〉
厚紙を挟んで巻く
不織布
穴をあけてひもを通して結ぶ
ズボンⒶ カラーポリ袋
カラービニールテープ

ヘビ
カラーポリ袋
キラキラテープ
色画用紙 型紙㊸
ベストⒷ カラーポリ袋
〈しっぽ〉綿をカラーポリ袋で包み、セロハンテープで留めて形を整える
不織布
スカート 不織布
キラキラテープ
色画用紙

※CD内に、子どもが作りやすい長方形バージョンのお面B㊾〜㊿も入っています。

3～5歳児向き　くすのきだんちは10かいだて

カケス

子どもといっしょに！
カケスの女の子は、脚本に登場していませんが、人数や子どもの声に応じて登場させるといいでしょう。

- 色画用紙　型紙㊻㊼
- 不織布
- キラキラテープ
- 色画用紙
- ベストⓑ　カラーポリ袋
- 〈エプロン〉厚紙を挟んで巻く
- スカート　カラーポリ袋
- 穴をあけてひもを通して結ぶ
- 不織布　キラキラテープ
- ベストⓑ　不織布
- カラービニールテープ
- ズボンⓐ　カラーポリ袋

基本の作り方　単位はcm

カケス、フクロウ

- 10.5
- 50（フクロウ 70）
- 7
- 切り込み
- 平ゴムを輪にして裏に縫い付ける
- リボン
- 色紙

フクロウ

- 色画用紙　型紙㊾
- カラービニールテープ
- ベストⓐ　不織布
- ズボンⓑ　カラーポリ袋
- カラービニールテープ

モモンガ

- 色画用紙　型紙㊽
- ベストⓑ　不織布
- マジックテープ
- 〈スカーフ〉65×65　不織布
- ジャバラに折って両面テープで留める
- スカーフを縫い付ける
- 〈しっぽ〉安全ピンで留める
- 綿を不織布でくるんで接着剤ではり、形を整える
- 〈瞳〉10.5　7　90　60　縫いしろ1.0
- 平ゴムを縫い付ける
- 縫う　平ゴムを通す

セット・小道具

大きなくすのき作りを子どもたちと楽しみましょう。

材料　●段ボール　●色画用紙　●スズランテープ　●ひも

バイオリン
- 段ボールを切り、何枚か重ねる
- 色画用紙をはる
- 弦はひもを付ける
- 色画用紙を丸めたものにひもを付ける

ほうき
- 棒にスズランテープを付ける

くすのきだんち
- 段ボールをくすのきの形に切り色画用紙をはる
- 布を束ねてカーテンを2つ作る
- 窓は切り抜く
- 段ボールが立つように、両端を少し折り角度を調節する
- 下側は交互に折る

そのほかの準備物　●段ボール箱

脚本

登場人物

- モグラのもぐ ● キツネ
- ウサギ ● サル
- カケス ● フクロウ
- モモンガ
- ヘビ

※ひとつの役を数人で演じる、交代で演じるなど、人数に合わせて登場人物を振り分けましょう。
※脚本には、リスの女の子、カケスの女の子は登場していませんが、子どもの人数によって登場させても楽しいです。

[使える！脚本データ]
脚本⑩

ナレーター
野原にそびえる10かいだてのくすのきだんち。
モグラのもぐは、くすのきだんちの管理人です。
もぐの部屋は、地下1階。
どんな友達が住んでいるのでしょうか。

CD㊼ ♪B・G・M／『わらの中の七面鳥』（5小節）
（楽譜P・130）

　　もぐがほうきを持ち、木の前に登場。

もぐ
きょうもいい天気
そろそろみなさんが出てくる時間ですね。

　　もぐは掃き掃除を始める。

CD㊽ ♪効果音／ポロロロン（楽譜P・130）

　　木の窓からキツネが顔を出す。

キツネ
おはよう。

CD㊼ ♪B・G・M／『わらの中の七面鳥』（5小節）
（楽譜P・130）

　　キツネは木の裏から出て、木の前に立つ。

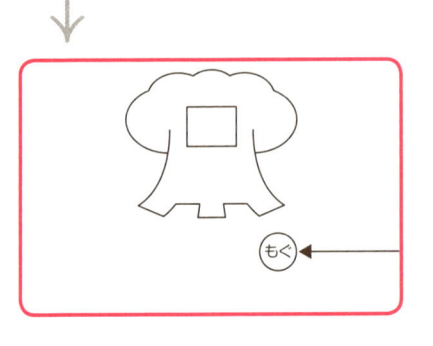

キツネ
おはよう。

ウサギ	おはよう。
CD㊼	♪B・G・M／『わらの中の七面鳥』（5小節）（楽譜P.130） ウサギは木の裏から出て、木の前に立つ。
ウサギ	おはよう。
CD㊽	♪効果音／ポロロロン（楽譜P.130） 木の窓からウサギが顔を出す。
ナレーター	音楽家のキツネさんは、出かけて行きました。 少しだけ間を置く。
CD㊿	♪B・G・M／『かわいいオーガスティン』（楽譜P.131） キツネがバイオリンを弾くまねをしながら退場。
もぐ	行ってらっしゃい。
キツネ	ありがとう。それでは　出かけてきます。
もぐ	おはようございます。1階に住む　キツネさん　今日もバイオリンの音がすてきですね。
CD㊾	♪B・G・M／『山の音楽家』（楽譜P.130） キツネがバイオリンを弾くマネをする。

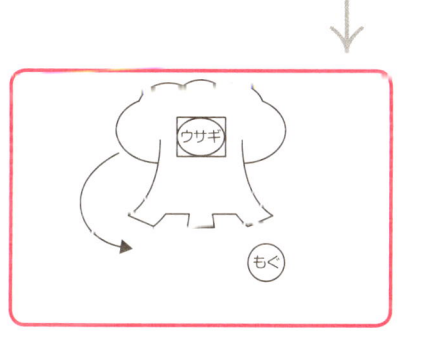

脚本

もぐ	おはようございます。2階と3階に住む ウサギさんたち これからお仕事ですか？	
ウサギ	はい 行ってきます。	両足ジャンプをしながら退場。
もぐ	行ってらっしゃい。	
CD 50	♪B・G・M／『かわいいオーガスティン』（楽譜P・131）	
ナレーター	看護師のウサギさんたちは 仕事に出かけました。	少し間を置く。
CD 48	♪効果音／ポロロロン（楽譜P・130）	木の窓からサルとリスが顔を出す。
サル、リス	おはよう。	
CD 47	♪B・G・M／『わらの中の七面鳥』（5小節）（楽譜P・130）	木の裏から出て、木の前に立つ。
サル、リス	おはよう。	
もぐ	おはようございます。4階に住むサルさん、5階6階のリスさん。	

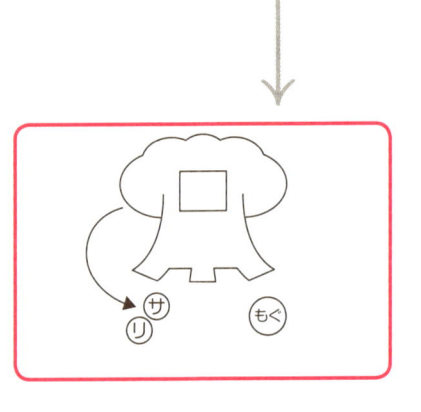

3〜5歳児向き　くすのきだんちは10かいだて

リス：ちょっと買い出しに行ってきます。

サル：ぼくも板を買いに行ってきます。

もぐ：行ってらっしゃい。

CD 50：♪B・G・M／『かわいいオーガスティン』（楽譜P・131）

> サルとリスは手を振りながら退場。
> もぐも退場。

ナレーター：大工のサルさんとレストランくるみのリスさんが出かけました。9階にはフクロウさん10階にはモモンガさんが住んでいます。7階8階は空いています。

> 少し間を空ける。

ナレーター：ある日、7階にカケスさんが引っ越してきました。

CD 47：♪B・G・M／『わらの中の七面鳥』（5小節）（楽譜P・130）

> カケス、もぐ、サルは荷物を持って登場。
> 斜めに並んで順番に荷物をリレーしていく。

カケス：みなさん　手伝ってくれてありがとう　助かります。

子どもといっしょに！
子どもと話し合いながら、2人の女の子もいっしょに登場したり、フクロウ、モモンガも同様の登場のしかたにしてもいいでしょう。

脚本

- サル：荷物がいっぱいですね。
- カケス：新婚ですから。
- もぐ：今日から、くすのきだんちの仲間ですね。
- もぐ：もうすぐ赤ちゃんが生まれるんですよ。
- カケス：住人が増えますね。
- もぐ：にぎやかになるとうれしいですね。よろしくお願いします。

CD㊿ ♪B・G・M／『かわいいオーガスティン』（楽譜 P・131）

全員退場する。

ナレーター：みんなはうれしい気持ちになりました。

ナレーター：そのようすを、ヘビがこっそり見ていました。

CD㊼ ♪B・G・M／『わらの中の七面鳥』（5小節）（楽譜 P・130）

ヘビは舞台そでに立ち、くすのきだんちを見ている。
ヘビは音楽に合わせて動き、曲が終わったらくすのきだんちの前に立つ。

- ヘビ：こんにちは。8階は空いていますか？見せてください。

126

もぐ　はい　どうぞ。

もぐが登場する。

ヘビ　7階にいるカケスの赤ちゃんは生まれましたか？

もぐ　えー！
あー　ちょっと　ちょっと
待ってくださいね。
8階を見てきます。

もぐは驚く。

早歩きで退場する。

ナレーター　ヘビがたまごをねらっています。
もぐは大急ぎでくすのきだんちの
みんなに相談しました。
それからしばらくして、
ヘビを8階に案内しました。

もぐは再び登場し、階段をグルグルのぼるイメージでくすのきだんちらの周りをヘビといっしょに回る。半周したところで、窓の内側にカーテンをはり、部屋の場面に変える。

もぐ　さあどうぞ
お入りください。

ヘビ　とてもいい眺めですね。
下もよく見える。ウッシッシッシ

ヘビは窓から外を見る。

CD (51)　♪効果音／ドンドンドンドンドンドン
（踊る足音）

舞台そでで、ウサギが両足ジャンプを繰り返す。

ヘビ　これは何の音ですか？

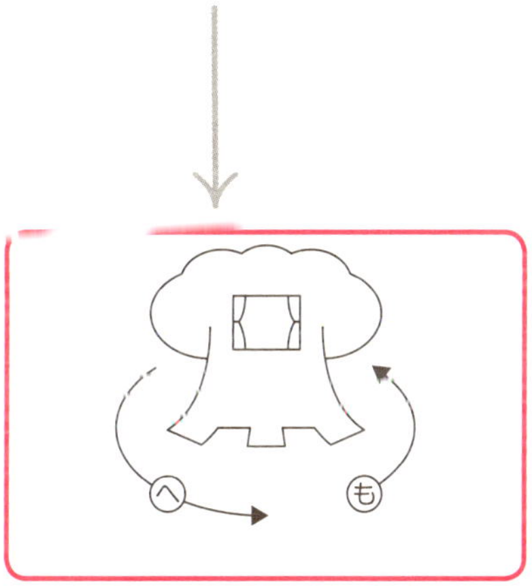

脚本

もぐ 9階のフクロウさんがダンスをしている音です。

CD㊵ ♪効果音／ポトポトポト バシャーン（水の音）

舞台そででキツネはバイオリンを弾き、サルとリスは水を流すまねをする。

ヘビ これは何ですか？

もぐ あー雨もりです。修理にはもう少しかかりそうです。

CD㊼ ♪効果音／ホーホーホー（フクロウの鳴き声）

CD㊴ ♪効果音／ヒュー ドロドロドロドロ（おばけの音）

舞台そででフクロウとモモンガが鳴きまねをする。

ヘビ これは何ですか？

もぐ フクロウさんが歌をうたっています。

CD㉕ ♪効果音／怒った音（「見つかった音」と同じ）

へびは怒ったしぐさをする。

ヘビ これじゃ あんまりだ。こんなとこ住めないよ。もう けっこうです。

もぐ そうですか さようなら。

CD (55)　♪効果音／バタン
（ドアを力いっぱい閉める音）
ヘビ、退場する。

全員　やったーやったー
たまごを守ったー。
全員舞台中央に集まる。
全員ジャンプしながら喜ぶ。

CD ㊼　♪B・G・M／『わらの中の七面鳥』（5小節）
（楽譜P・130）
全員で音楽に合わせて、舞台の上で軽く走る。

もぐ　みんなでカケスさんの
引っ越しパーティーをしましょう。

全員　そうしよう。

CD ㊾　♪B・G・M／『山の音楽家』
（楽譜P・130）

ナレーター　夜遅くまで
引っ越しパーティーは続きました。
みんなみんな　風と光に包まれた
くすのきだんちがお気に入りです。
そのうち空き家もうまるでしょう。

CD ㊿　♪B・G・M／『かわいいオーガスティン』
（楽譜P・131）
横一列（人数によって変える）に並ぶ。

使用曲

CD㊼ P.122～129で使用

わらの中の七面鳥

作曲：オースティン

CD㊽ P.122～124で使用

ポロロロン
（登場の音）

作曲：永井裕美

CD㊾ P.123・129で使用

山の音楽家

訳詞：水田詩仙　ドイツ民謡　編曲：永井裕美

3～5歳児向き　くすのきだんちは10かいだて

CD㊿
P.123～126・129で使用

かわいいオーガスティン

ドイツ民謡　編曲：田丸信明

©Copyright 1988 by FAIRY MUSIC OFFICE

CD㉕
P.103で使用

怒った音
（「見つかった音」（P.103）と同じ）

作曲：永井裕美

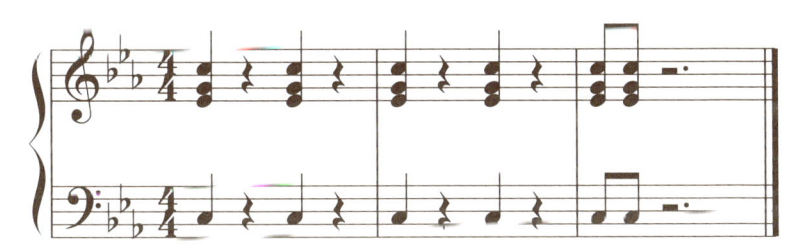

ほか、使用する効果音
- CD㉛ ドンドンドンドンドンドン（踊る足音）／
- CD㉜ ポトポトポト　バシャーン（水の音）／
- CD㉝ ホーホーホーホー（フクロウの鳴き声）／
- CD㉞ ヒュー　ドロドロドロドロー（おばけの音）／
- CD㉟ バタン（ドアを力いっぱい閉める音）

お話のポイント

大晦日、おじいさんは作った笠を売りに行き、ひとつも売れませんでしたが、頭に雪が積もっていたお地蔵さんに笠をかぶせてあげます。するとその夜……。よい行ないをした人には、後でよいことがあります。

4〜5歳児向き

かさじぞう

絵本から劇あそびへ保育の流れ

絵本を見ながら、昔の人の着物や生活を想像して、みんなで準備物を作っていきます。昔ながらの大晦日やお正月の風習を調べてみたり、登場キャラクターが少ないので、絵本には出てこない動物を登場させたりして、遊びを広げていきましょう。

わらべうたで遊ぼう!

お正月遊びをしたりわらべうたあそびをしたりして、昔ながらの日本の文化や生活について興味を持ち、劇遊びのヒントにつなげていきます。いろいろなわらべうた遊びをして、「かさじぞう」に合う曲を見つけましょう（例／『ずいずいずっころばし』など）。

せんせい たわらって なに？

お米が入った 大きな袋の ことだよ

♪ずいずいずっころばし♪ …たわらの ねずみが…

4〜5歳児向き　かさじぞう

みんなでお地蔵さん

お地蔵さんの表情、立ち方や手の形などを観察して、みんなで話し合ってみましょう。お地蔵さんになりきって動かないようにして立ち、笑った顔・怒った顔・笑った顔など、好きな表情をしてみます。「おじいさんありがとう」「おれいです」など、お地蔵さんがしゃべるとすれば何を言うか、話し合いましょう。

作った笠でダンス！

色画用紙などを円く切り、扇形の切り込みを入れ、少し重ねてホッチキスで留めます。折り紙を切って模様をはり、平ゴムのあごひもを付けましょう。
でき上がった笠をかぶったり手に持って音楽に合わせて振ってみたりして、子どもたちといっしょに振り付けを考えてみましょう。

作って運ぼう！

昔話の絵本や紙芝居を見ながら、米俵・野菜・おもちなどを作ります。互いに協力したり友達を手伝ってあげたりしていたら、保育者はすかさず褒めてあげましょう。
作った物を使って、落とさないように運んだり並べる競争をしたりして、チームワークを養いつつ、お地蔵さんが運ぶときの動きにもつなげていきましょう。

子どもたちの姿を大切に

たとえ自分が恵まれていなくても、困っている人がいれば手を差し伸べるという思いやりの心を持って生活していると、きっとだれかがその気持ちにこたえてくれるというお話です。子どもたちが周りの環境に目を向け、関心を持つようになることが大切です。

登場人物の衣装

不織布で和風の雰囲気を出しています。
飾り切りや模様付けを楽しんで作りましょう。

材料 ●不織布 ●カラーポリ袋 ●色画用紙 ●スズランテープ ●マスキングテープ ●カラークラフトテープ ●カラービニールテープ ●丸シール ●平ゴム ※お面の型紙はCDに収納

おばあさん

単位はcm

〈エプロン〉
縫う
不織布
47
32

〈着物 上〉
90
12
45　21　21
48
不織布
表に返す
カラークラフトテープでえりを縁取る

〈着物 下〉
平ゴムを通す
50
50
表に返す
縫う
不織布
折って飾り切りする

おじいさん

〈ベスト〉
不織布
縫う
20　23
45
45
表に返す

〈ズボン〉
70
57
マスキングテープで縁取る
不織布
縫う
平ゴムを通す

お地蔵さん

※笠の作り方はP.135

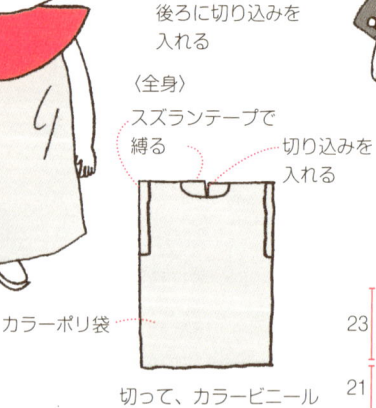

〈前掛け〉
38
22
後ろに切り込みを入れる

〈全身〉
スズランテープで縛る
切り込みを入れる
カラーポリ袋
切って、カラービニールテープで補強する

町の人たち

えりに不織布を重ねる
カラービニールテープで縁取る
不織布の帯を巻く
カラービニールテープや丸シールで飾る

〈上着〉
94
23　　　　44
21　25　25
44
表に返す
縫う

動物たち
[お面のみ]

色画用紙
型紙 23・24

子どもといっしょに！

* P.16に写真はありませんが、ここでは、登場する動物たちを仮にイヌとネコとしています。どんな動物にするかは、子どもたちと相談して決めましょう。
* お面の型紙は、巻末にあります。

準備

4～5歳児向き　かさじぞう

セット・小道具

昔の人の生活がどんなだったか、正月の食べ物は何かあるのかなど、話しながら作ってもいいですね。

材料 ●模造紙 ●画用紙 ●色画用紙 ●カラーせいさく紙 ●新聞紙 ●板段ボール ●段ボール箱 ●空き箱 ●牛乳パック ●平ゴム ●布 ●綿 ●円柱形のソフト積み木 ●スズランテープ ●セロハンテープ ●カラービニールテープ

町の背景

子どもといっしょに！
大きな模造紙に絵を描きます。絵本を参考にして、子どもたちといっしょに考えましょう。

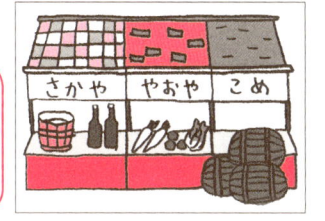

扉

板段ボールに模造紙をはり、引き戸の絵を描きます。

いろり

牛乳パックをつないで枠を作り、周りに茶色の色画用紙をはります。

米俵

①円柱形のソフト積み木の周りに黄色の色画用紙を巻き、クラフトテープで留めます。

- 黄色の色画用紙
- スズランテープ
- 円柱形のソフト積み木

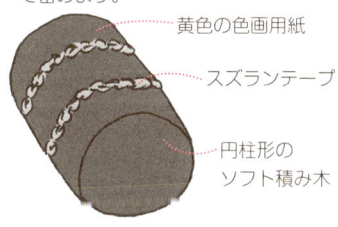

②黄色・オレンジ色・白色のスズランテープを三つ編みにして巻き、結びます。

そり

①段ボール箱をクラフトテープでつなぎ、周りに色画用紙をはり、側面2か所に穴をあけます。

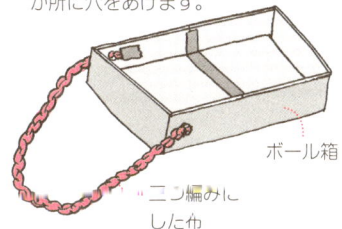

- ボール箱
- 三つ編みにした布

②細長く切った布を三つ編みにして、両端を①の穴に通し、裏側にクラフトテープで留めます。

笠

①オレンジ色のカラーせいさく紙を円く切り、中心まで切り込みを入れ、円錐形にしてホッチキスで留めます。

②細く切った茶色のカラーポリ袋を三つ編みにして、両面テープではります。

③平ゴムの両端をホッチキスで留めます。

おもち

①円く切った白い不織布の一部を残して周囲を木工用接着剤ではり、綿を詰めます。

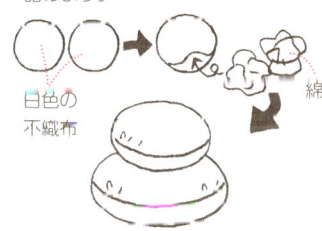

- 白色の不織布
- 綿

②口に木工用接着剤を塗って閉じます。大小各1個作ります。

タイ

①魚の形に切った段ボールの両面に、丸めた新聞紙を両面テープではります。

- 新聞紙
- 段ボール
- 新聞紙
- セロハンテープ

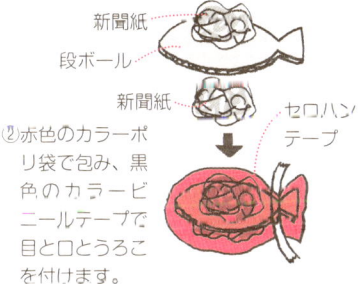

②赤色のカラーポリ袋で包み、黒色のカラービニールテープで目と口とうろこを付けます。

野菜

①新聞紙を丸めてダイコンの形に整え、ダイコンの葉っぱの形に切った色画用紙をセロハンテープで付けます。

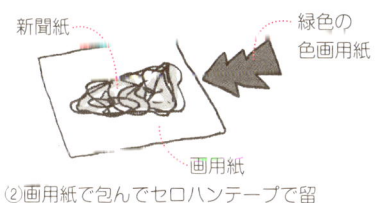

- 新聞紙
- 緑色の色画用紙
- 画用紙

②画用紙で包んでセロハンテープで留めます。

そのほかの準備物 ●綿 ●ふろしき ●鈴 ●カゴ

脚本

登場人物

- おじいさん
- おばあさん
- 動物たち（A・B）
- 町の人たち（A〜D）
- お地蔵さん（A〜E）

※ひとつの役を数人で演じる、交代で演じるなど、人数に合わせて登場人物を振り分けましょう。

[使える！脚本データ]
脚本⑪

CD ㊴

ナレーター：昔々雪深い山奥に、心の優しいおじいさんとおばあさんが住んでいました。もうすぐお正月だというのに、お米や野菜を買うお金がありませんでした。

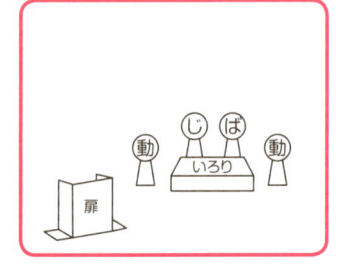

歌（全員）：♪ぺったんこ　ぺったんこ
もちつき　ぺったんこ
それつきかえせ　やれつきかえせ
もうじきつけるぞ
ぺったんこのぺったんこ

おばあさん：もちつきはいいですね。
おじいさん：もち米があればなー。
おばあさん：笠を作ったらどうでしょう？
動物A：町で売ったらいいよ。
動物B：そのお金でお米を買えばいいよ。
おじいさん：それはいい考えだ。

♪B・G・M／『ずくぼんじょ』
（楽譜P.142）

おじいさん・おばあさん・動物たちは、いろりを囲んで座る。

『もちつき』を歌う。

子どもといっしょに！
この脚本では登場する動物を仮にイヌとネコとしています。どんな動物にするかは、子どもたちと相談して決めましょう。

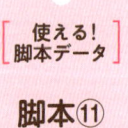

動物たち　みんなで笠を作ろう！

CD (57)　♪B・G・M／『雪』（楽譜P・142）

歌（全員）　♪ゆーきやこんこ　あられやこんこ
ふってはふっては　ずんずんつもる
やーまものはらも　わたぼうしかぶり
かれきのこらず　はながさく

動物たちは右側に退場し、笠を持って戻る。

舞台の全員が客席を向き、1列に並んで、歌いながらダンスをする。

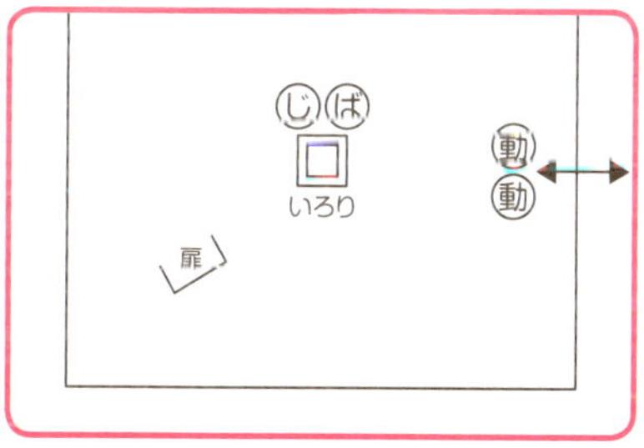

①♪ゆーきやこんこ　あられやこんこ

両手で笠を車のハンドルのように持ち、顔の前で左右に揺らします。

②♪ふってはふっては　ずんずんつもる

笠を持った両手を頭上に伸ばし、歌に合わせて笠を振りながらおなかの高さまで下ろします。

③♪やーまも　④♪のはらも

左足を横へ1歩出すと同時に左手で笠を持ち、左横に伸ばします。
元に戻り、笠を両手で持ちます。

⑤♪わたぼうし　⑥♪かぶり

右足を横へ1歩出すと同時に右手で笠を持ち、右横に伸ばします。
元に戻り、笠を両手で持ちます。

⑦♪かれきのこらず　はながさく

笠を両手で持ったまま頭に載せて、その場で足踏みをします。

⑧

最後に好きなポーズをします。

脚本

舞台の全員：できた！

おじいさん：みんなありがとう。笠を売りに行ってくるよ。
> おじいさんは、自分の笠をかぶる。笠を重ねて両手で持つ。

おばあさん・動物たち：行ってらっしゃい。
> みんなで手を振って送り出す。
> おじいさんは、手を振って左側に退場。

CD 58 ♪B・G・M『おおさむ こさむ』（楽譜P・143）
> 町の背景に変える。
> おじいさんが左側から登場して舞台中央で止まる。
> 重ねた笠を床に置き、1枚を両手で持ち、差し出しながら

おじいさん：笠はいらんかえ、笠はいらんかえ。
> 3人の通行人が、右側からおじいさんの前を通り過ぎて左側に退場。
> 町の人A・Bが、右側から登場しておじいさんの横で立ち止まる。

町の人A：笠はいらないよ。

町の人B：お正月の準備で忙しいからな。
> 町の人A・Bが、左側に退場。
> 町の人C・Dが、右側から登場しておじいさんの横で立ち止まる。

おじいさん：笠はいらんかえ、笠はいらんかえ。

町の人C：おじいさん、早く帰ったほうがいいよ。

町の人D：早く帰らないと、吹雪になるよ。
> 町の人C・Dが、左側に退場。

おじいさん：はあー。
> おじいさんはため息をつく。

CD 58 ♪B・G・M『おおさむ こさむ』初めの4小節（楽譜P・143）
> おじいさんは笠を重ねて両手で持ち、左側に退場。

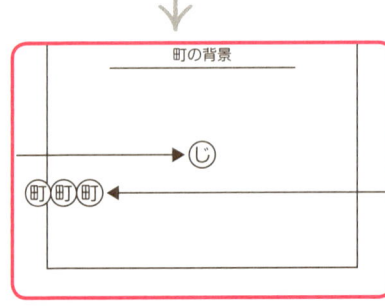

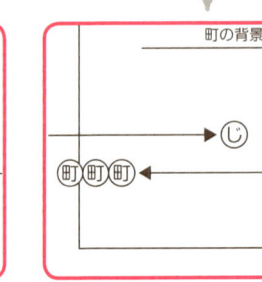

町の背景
じ
町町町 ←

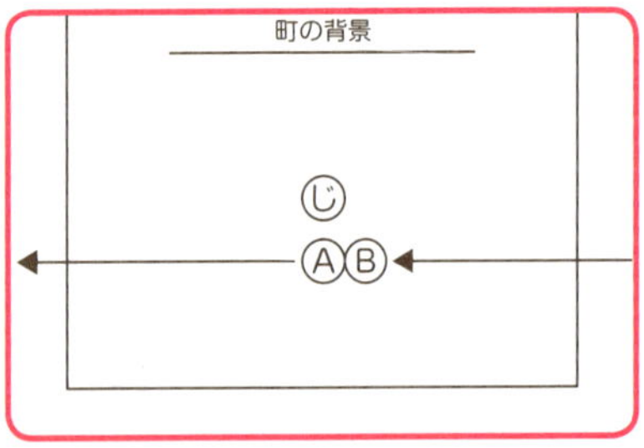

町の背景
→ じ
AB ←

4～5歳児向き　かさじぞう

- ナレーター：大晦日の町の人たちは忙しく、だれも笠を買ってくれません。おじいさんはしかたなく、笠を持って帰ることにしました。
- CD 59　♪効果音／吹雪の音
- おじいさん：お地蔵様が並んでいるぞ。雪が積もって寒そうだ。笠をかぶせてあげよう。
- CD 59　♪効果音／吹雪の音
- おじいさん：ひとつ足りないぞ。わしの笠でがまんしてください。
- CD 58　♪B・G・M『おおさむ こさむ』（楽譜P.143）

- 山の背景に変える。お地蔵さんが、左側から登場して並び、頭に雪（綿）を載せる。
- おじいさんはふろしきで包んだ笠を持って、左側から登場して舞台中央で止まる。
- おじいさんは、ふろしきを広げて笠を出し、左側のお地蔵さんから順番に雪を払い、笠をかぶせていく。
- おじいさんは、かぶっていた笠をお地蔵さんにかぶせる。
- おじいさんは、ふろしきを畳んで左側に退場。
- お地蔵さんは、左側に退場。

山の背景

→ 地 地 地 地 地
→ じ

脚本

- おじいさん　ただいま。
- おばあさん　お帰りなさい。笠は売れましたか。
- おじいさん　だめだった。でも、帰る途中、お地蔵様がとても寒そうだったので、笠をかぶせてあげたよ。
- おばあさん　それはよいことをしましたね。
- 動物A　　　おじいさんは優しいね。
- 動物B　　　きっと、お地蔵様も喜んでいるよ。
- おじいさん　お米は買えなかったが、元気に過ごせることがいちばんだ。
- おばあさん　そうですね。
- 動物たち　　元気がいちばん。
- おばあさん　食べる物もないですし、そろそろ寝ましょう。お休みなさい。
- 舞台全員　　お休みなさい。
- CD 60　　♪効果音／雪の上を歩き、そりを引く音
- お地蔵さんA　笠をかぶせてくれたじさまの家はどこじゃ。
- お地蔵さんたちB　優しいじさまの家はどこじゃ。
- お地蔵さんたちB　どこじゃ。
- お地蔵さんC　ここじゃここじゃ。

家の中の背景に変える。
おばあさん・動物たちが、いろりを囲んで座る。
おじいさんが左側から登場して家の中に入る。

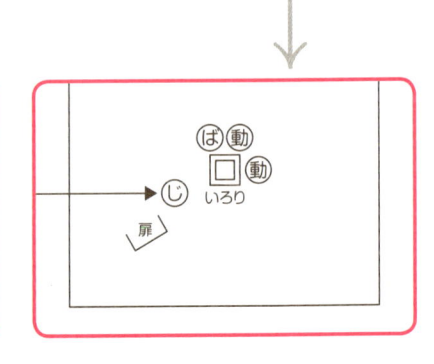

照明を暗くする。
舞台の全員、右側に退場。
お地蔵さんたちが、右側から鈴を鳴らしてそりを引きながら登場。

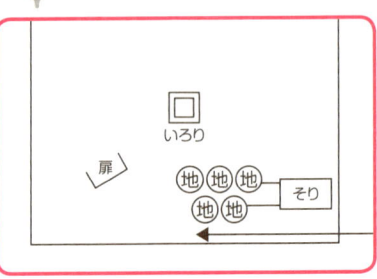

お地蔵さんたちは、扉の前で止まる。

4〜5歳児向き　かさじぞう

お地蔵さんD　わしらのために笠をかぶせてくれてありがとう。

お地蔵さんE　優しいじさまだ。

お地蔵さんA　よい正月を迎えてくれ。

CD⑥⓪　♪効果音／雪の上を歩き、そりを引く音

おじいさん　なんの音じゃ？

おばあさん　外から聞こえましたね。のぞいてみよう。

動物たち　わーすごい！

おじいさん　お米だ。

おばあさん　野菜ですよ。

動物たち　タイもある。

動物A　わかった。お地蔵様だ！きっとお礼に来てくれたんだよ。

おばあさん　よかったですね。

おじいさん　よかったよかった。

歌（全員）　♪ぺったんこ　ぺったんこ　もちつき　ぺったんこ　それつきかえせ　やれつきかえせ　もうじきつけるぞ　ぺったんこ　このぺったんこ

舞台の全員　ぺったんこ

ナレーター　お地蔵様が届けてくれたお米・野菜やタイで、お正月の用意ができました。それから心の優しいおじいさんとおばあさんと動物たちは、幸せに暮らしました。

お地蔵さんたちは、米俵と野菜やタイなどの入ったカゴを置く。

お地蔵さんたちは、鈴を鳴らしてそりを引きながら左側に退場。

おじいさん・おばあさん・動物たちが舞台右側に登場。

おじいさん・おばあさん・動物たちは、扉の前に集まる。

舞台の全員、1列に並んで『もちつき』を歌う。

141

ずくぼんじょ

CD㊻
P.136で使用

わらべうた　編曲：永井裕美

雪

CD㊼
P.137で使用

文部省唱歌　編曲：永井裕美

1. ゆーきや こんこ　あられや こんこ
2. ゆーきや こんこ　あられや こんこ

ふって は ふって は　ずんずん つもる　やーま ものはらも
ふって も ふって も　まだふりや やまぬ　いーぬ はよろこび

わたぼうし かぶり　かれきの こらず　はなが さくる
にわか けまわり　ねこは こたつで　まるく なる

4～5歳児向き かさじぞう

おおさむ　こさむ

CD 58
P.138・139で使用

わらべうた　編曲：永井裕美

ほか、使用する効果音　　CD 59 吹雪の音／CD 60 雪の上を歩き、そりを引く音

143

金のがちょう

4〜5歳児向き

お話のポイント

心の優しい末の弟は、親切にした小人から金のガチョウをもらいます。ガチョウに触った人たちは次々とくっついていき、最後はお姫様を笑わせて、ハッピーエンドのお話です。

絵本から劇あそびへ保育の流れ

絵本をたっぷり楽しみつつ、このようにいろいろと遊んでいきましょう。4・5歳は人に見られることを意識して、よりおもしろくしようと工夫する姿が現れてきます。金のガチョウにくっつく場面やお姫様を笑わせる場面など、どうすればよりおもしろくなるかを考えるのに、1学期からの遊びを取り入れたり子どもたちと話し合ったりして、劇が盛り上がるようにしていきましょう。

つながって遊ぼう！

『じゃんけん列車』や『かもつれっしゃ』など、つながって歩く遊びを楽しみましょう。歌のテンポを変えても列車が外れないようについていったり、肩に手を置く・両手を肩に置く・手を腰に回したりするなど、いろいろなアレンジをして楽しみます。先頭の子どもに任せて、園内探検に出かけてもいいでしょう。

イメージしてみよう！

絵本を読んでみて、気に入った場面を絵に描いてみましょう。描いた絵を部屋に飾っておき、お迎えに来た保護者が見たときに説明すると、劇遊びへの期待感が高まります。プログラムの表紙にも使えるし、何より子どもたちがお話の世界観をイメージしやすくなり、衣装のデザインやセット・小道具作りにも生かせるでしょう。

おもしろグランプリ

クラスでだれがいちばんおもしろいか、最後まで笑わないのはだれか、コンテストを行ないます。グループに分かれて、お互いに笑わせる対決をしてもいいでしょう。
にらめっこ・だじゃれ・クイズ・おもしろ話など、グループ対抗ならだれがどの順番で披露するかを考えて発表し、みんなでネタを作り上げていきましょう。

みんなでキャスティング

あらためて絵本を見たり読んだりして、みんなで登場キャラクターを決めていきます。絵本には出てこないけれど、住んでいる地域に合わせたオリジナルキャラクターなどを考えてもいいですね。また、どうやって登場するのかや、ナレーター・裏方を含めた配役なども、話し合って決めていきましょう。

みんなで作ろう！

役が決まったら、衣装や小道具作りをします。何を作りたいか、どう作るかを考えて、材料を選びましょう。
年長児はオリジナルな物が作りたくなりますが、子ども自身が自分の衣装にリボンやボタンを付けて作り上げることで、役に気持ちが入りやすくなります。

子どもたちの姿を大切に

みんなでつながって歩く場面が難しく、息を合わせて歩かなければ手が外れてしまいます。ナレーションにも挑戦します。年長児ならさすがし、準備から本番まで、友達と協力して進めていく姿が見られるでしょう。

登場人物の衣装

たくさんお人物が登場します。「ベストやスカートは何色にしよう？」「どんな形がいいかな？」など、ことばがけしながら作りましょう。

準備

材料　●不織布　●カラーポリ袋　●リボン　●シール　●キラキラモール　●キラキラテープ　●折り紙　●カラービニールテープ　●平ゴム　●カラーせいさく紙　●ボタンなど

娘たち

単位はcm

- 折り紙
- クラフトパンチで抜く
- 重ねて縫う
- 38
- 30
- 平ゴムを通す
- 〈スカート〉
- 不織布
- 45
- 50
- 縫う
- 表に返す

小人

- 不織布
- 〈帽子〉
- 縫う
- 表に返す
- 織り上げる
- 両肩で結ぶ
- 裏から不織布をはる
- 不織布
- 〈ベスト〉
- 20
- 24
- 17
- 45
- 8
- 40
- 表に返す
- 縫う

3兄弟

- 10cm幅の不織布の帯でくくる
- 穴をあける
- 〈帽子〉
- 16
- 20
- 27
- 不織布
- 折って、不織布を重ねて縫う
- 〈服〉
- 40
- 11
- 切り込み
- 不織布
- 50
- 表に返す
- 切り込みにリボンを通す
- 切り込み
- 縫う

※3兄弟はベストの長さを変えたり、色違いで作るとよいでしょう。

王様

- カラーせいさく紙
- キラキラテープ
- 縁にキラキラテープはる
- ボタンなど
- リボンを付けるのもよい
- 同じ色の不織布の帯の上下を両面テープで留める
- 〈マント〉
- 平ゴムを通す
- 65
- 100
- 不織布

お姫様

- 白モール
- カラーせいさく紙にキラキラテープをはる
- キラキラテープ
- シール
- カラーポリ袋を重ねてはる
- カラーせいさく紙にモールなどをはる
- リボン
- 〈ドレス〉
- 5
- 20
- 40
- 80
- 50
- 不織布

町の人たち 芸人たち

- 折って縫う
- 〈ベスト〉
- 不織布
- 切る
- 11
- 45
- 40
- リボン
- 表に返す
- 縫う

146

4～5歳児向き　金のがちょう

セット・小道具

ガチョウをキラキラにするのに盛り上がりそうですね。
場面が変わりながら転回していくお話なので、背景も楽しみながら作れます。

材料
- セロハンテープ ● カラークラフトテープ ● 模造紙 ● 画用紙 ● 色画用紙 ● 折り紙 ● 新聞紙 ● 板段ボール
- 段ボール箱 ● アルミホイル ● クラフト紙 ● ペットボトル（500㎖） ● 棒 ● キラキラテープ ● カラービニールテープ

お城の柱

町の背景

森の背景

子どもといっしょに！
※大きな模造紙に絵を描きます。絵本を参考にして、子どもたちといっしょに考えたり、色も塗ってたりしましょう。

※背景は重ねてはっておいたり、すぐ元に戻せるよう両端を引っ掛けられるようにしておいたりしましょう。

飲み物

500ccのペットボトルに色画用紙を巻いて両面テープではります。

- 色画用紙
- カラービニールテープ

おの

段ボール2枚をおのの刃の形に切り、刃先をはり合わせ、背の間に棒を挟んで、黒色のカラークラフトテープではります。

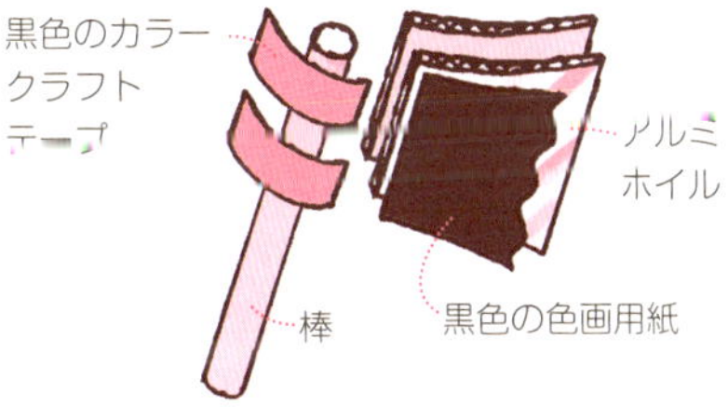

- 黒色のカラークラフトテープ
- アルミホイル
- 棒
- 黒色の色画用紙

木

①段ボール箱を重ねて1か所をクラフトテープでつなぎ、周りに茶色の色画用紙をはります。

②板段ボールに緑色の色画用紙をはります。

※中に水を入れたペットボトル（おもし）を入れます。

お城の柱

- キラキラテープ
- 画用紙

段ボール箱を重ねてクラフトテープでつなぎ、周りに画用紙をはり、縁に沿ってキラキラテープをはります。

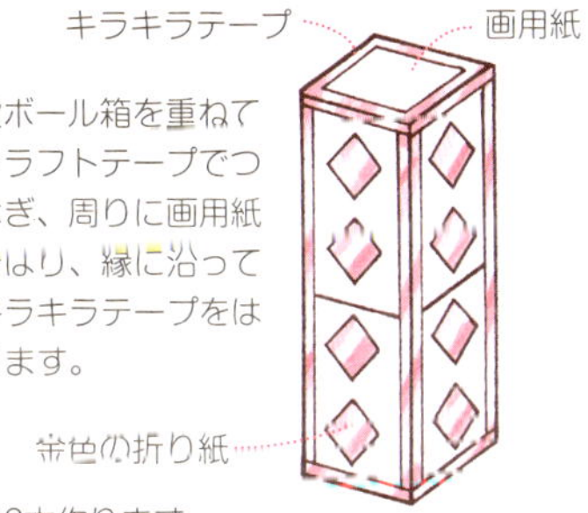

- 茶色の折り紙

※2本作ります。

金のガチョウ

①新聞紙でガチョウの形の土台を作り、セロハンテープでグルグル巻きにします。

②金色の折り紙を木工用接着剤ではります。

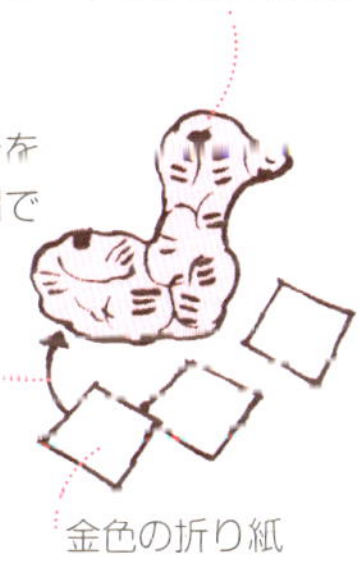

- 金色の折り紙

パン

新聞紙を丸めてパンの形に整えた物をクラフト紙で包み、両面テープではります。

- 新聞紙
- 両面テープ
- クラフト紙

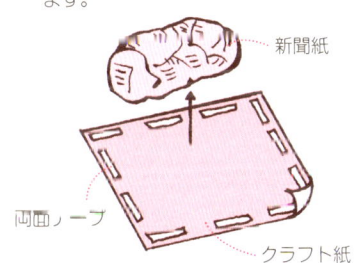

そのほかの準備物 ● カバン

147

脚本

登場人物

- 3兄弟（末の息子・上の兄・下の兄）
- 小人　● 娘たち（A・B・C）
- 町の人たち（A・B・C）
- 芸人たち（A・B・C）
- 王様
- お姫様

※ひとつの役を数人で演じる、交代で演じるなど、人数に合わせて登場人物を振り分けましょう。

[使える！脚本データ]

脚本⑫

ナレーターA　昔々あるところに、3人の兄弟が住んでいました。

ナレーターB　兄さんふたりはとても賢くて力持ちですが、末の息子はじまんできることが何もありませんでした。

ナレーターC　ある日、いちばん上の兄さんが、森へ木を切りに行きました。

CD ⑥1　♪ B・G・M／『ゆかいな牧場』（楽譜P.156）

上の兄　今日も仕事だ。やりたくないなー。

CD ⑥2　♪効果音／妖精や魔法使いの音

小人　おなかがすいて倒れそうです。食べ物と飲み物を分けてください。

上の兄　おまえにあげる物はない。あっちへ行け！

小人　なんていやな人だ。

CD ⑥2　♪効果音／妖精や魔法使いの音

上の兄がおのを担ぎ、スキップで右側から登場。

小人が左側から登場して、静かに上の兄の横に立つ。

上の兄がおので小人を追い払う。

小人はすばやく左側に退場。

森の背景

あっちに行け!!

148

4〜5歳児向き　金のがちょう

話者	セリフ／音	動作
上の兄	さあ、仕事をするか。えい！	
CD㉖	♪効果音／おで切る音（楽譜P.156）	
CD㉖	♪効果音／残念な音（楽譜P.156）	上の兄がおのを振り下ろすと手が滑り、手にけがをする。
上の兄	いたーい。	上の兄は、手を押さえながら右側に退場。
ナレーターA	上の兄がけがをしたので、下の兄が森へ木を切りに行きました。	
CD㉑	♪B・G・M／『ゆかいな牧場』（楽譜P.156）	下の兄がおのを担ぎ、スキップで右側から登場。
下の兄	今日も仕事だ。やりたくないなー。	
CD㉒	♪効果音／妖精や魔法使いの音	小人が左側から登場し、静かに下の兄の横に立つ。
小人	おなかがすいて倒れそうです。食べ物と飲み物を分けてください。	
下の兄	おまえにあげる物はない。あっちへ行け！	
小人	なんていやな人だ。	
CD㉒	♪効果音／妖精や魔法使いの音	小人はすばやく左側に退場。
下の兄	さあ、仕事をするか。えい！	
CD㉓	♪効果音／おので切る音	下の兄がおのを振り下ろすと手が滑り、足にけがをする。
CD㉔	♪効果音／残念な音（楽譜P.156）	下の兄は、足を押さえながら右側に退場。
下の兄	いたーい。	

ナレーターB　下の兄もけがをしたので、末の息子が森へ行くことになりました。

CD (61)　♪B・G・M／『ゆかいな牧場』（楽譜P・156）

末の息子が、おのを担ぎ、スキップで右側から登場。

末の息子　今日も仕事だ。兄さんたちの分もがんばるぞ。

CD (62)　♪効果音／妖精や魔法使いの音

小人が左側から登場して、静かに末の息子の横に立つ。

小人　おなかがすいて倒れそうです。食べ物と飲み物を分けてください。

末の息子　いいですよ。

末の息子は、カバンからパンと飲み物を出して小人に渡す。小人はパンと飲み物を受け取る。

小人　あなたは優しい人です。この木を切ってごらんなさい。いい物が見つかりますよ。

小人が木を指さす。

末の息子　よし、切ってみよう。せーの。

末の息子は木のそばに移動する。末の息子は、おので木の上側を押して倒す。

CD (63)→CD (65)　♪効果音／おので切る音→♪効果音／木が倒れる音

CD ⑩　♪効果音／やったーの音（楽譜P・156）

末の息子　金のガチョウだ！どうもありがとう。

末の息子は、両手で金のガチョウを取り出す。

小人　いえいえ、どういたしまして。それではさようなら。

CD (62)　♪効果音／妖精や魔法使いの音

小人が左側に退場。

ナレーターC　小人はどこかへ行ってしまいました。

4～5歳児向き　金のがちょう

ナレーターA	末の息子は金のガチョウを抱えて、家に向かいました。
ナレーターB	帰る途中、3人の娘たちに出会いました。
CD㊼	♪B・G・M／『わらの中の七面鳥』初めの5小節（楽譜P.157）
（ト書き）	娘たちが右側から歩いて登場。
娘A	金のガチョウだわ。
娘B	触らせてください。
末の息子	どうぞ。
（ト書き）	末の息子がガチョウを差し出す。
娘A	くっついて離れないわ。
CD㊻	♪効果音／くっつく音
（ト書き）	娘AがガチョウにT触る。
娘B	何してるの、だいじょうぶ？
娘A	くっついて離れないわ。
CD㊻	♪効果音／くっつく音
（ト書き）	娘Bは、娘Aの腰を持つ。
娘B	あら、くっついて離れないわ。
娘C	そんなことないでしょ。
娘C	わたしもくっついて離れないわ。
CD㊻	♪効果音／くっつく音
（ト書き）	娘Cは、両手で娘Bの腰を持って引き離そうとする。
娘たち	助けてー！
ナレーターC	末の息子はどんどん歩いて行きます。
CD㊼	♪B・G・M／『わらの中の七面鳥』初めの5小節（楽譜P.157）
（ト書き）	末の息子・娘たちは、つながったまま右側に退場。

> **子どもといっしょに！**
> ＊4歳児は、イラストのように、両手で前の人の腰を持ってつながったまま動くのが難しいので両手をつないでもよいでしょう。

脚本

CD 47　♪B・G・M／『わらの中の七面鳥』初めの5小節（楽譜P.157）

ナレーターA　町の人たちがやって来ました。

町の人A　行列になって、どうしたんだい？

娘A　くっついて離れないの。助けてください。

町の人A　引っ張ってみよう。えい！

CD 66　♪効果音／くっつく音

町の人A　くっついて離れないぞ。

町の人B　今離してやる。うーん。

CD 66　♪効果音／くっつく音

町の人B　あれ、くっついて離れないぞ。

町の人C　何をやっているんだ。今離してやるよ。

CD 66　♪効果音／くっつく音

町の人C　わしもくっついて離れないぞ。

町の人たち　助けてくれー！

ナレーターB　末の息子は長い行列ができても気にしないで、どんどん歩いて行きます。

CD 47　♪B・G・M／『わらの中の七面鳥』初めの5小節（楽譜P.157）

町の背景に変える。

末の息子・娘たちは、つながったまま右側から登場して、舞台を1周する。

町の人たちが右側から登場。

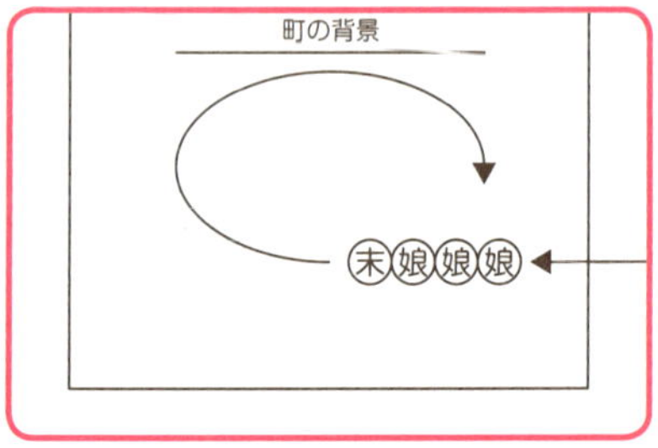

町の人Aは、両手で娘Cを引っ張る。

町の人Bは、両手で町の人Aを引っ張る。

町の人Cは、両手で町の人Bを引っ張る。

末の息子・娘たち・町の人たちは、つながったまま左側に退場。

町の背景　末娘娘娘

4～5歳児向き　金のがちょう

台本

ナレーターC: みんなで歩いているうちにお城の近くまで来ました。

ナレーターA: お城には王様と、生まれてから今まで一度も笑ったことがないお姫様が住んでいました。

※王様・お姫様・芸人たちが右側から登場。

CD㊻ ♪効果音／ファンファーレ

王様: 姫を笑わすことができたら、おむこさんにするぞ。だれか挑戦する者はいないか。

芸人A: はい。わたしがおもしろい顔をご覧にいれます。

CD㊽ ♪B・G・M／『だるまさん』の替え歌（楽譜P.156）

芸人Aは、歌いながらにらめっこをする。

芸人全員: ♪おひめさま おひめさま
にらめっこしましょ
わらってください
あっぷっぷ

お姫様は笑わない。

CD㊹ ♪効果音／残念な音（楽譜P.156）

王様: もう、よい。次、だれか挑戦する者はいないか。

芸人B以下も同様に、お姫様を笑わせるネタを順番に披露する。

芸人B: 次はわたしが……。布団が吹っ飛んだ！

CD㊹ ♪効果音／残念な音（楽譜P.156）

お姫様は笑わない。

---

① ♪おひめさま おひめさま にらめっこしましょ
歌に合わせて手拍子を4回します。

② ♪わらってください
顔の横で両手を広げて振ります。
※ほかの人は手拍子を2回します。

③ ♪あっぷっぷ
③おもしろい顔をします。
※ほかの人は手拍子を2回します。

子どもといっしょに！

* 子どもはテレビなどで流行しているものに敏感なので、そのときに世間ではやっているギャグをやりたがるかもしれません。
* ネタはだらだらとしつこくならないように、3〜4人（組）くらいをめどにしましょう。

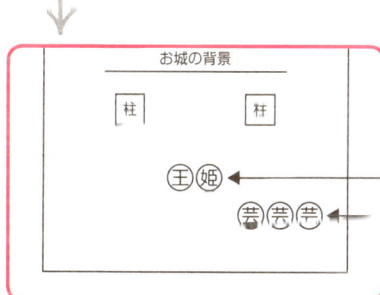

お城の背景に変える。

```
     お城の背景
   ┌──────────┐
   │ 柱      柱 │
   │           │
   │     王姫 ←│
   │    芸芸芸←│
   └──────────┘
```

153

脚本

王様	笑わないなー。あの行列はなんだ？
CD ㊾	♪B・G・M／『わらの中の七面鳥』（楽譜P・157）
お姫様	まあ、金のガチョウにみんながくっついているわ。アハハハハ……。おかしい。どうしてくっついているの？アハハハハ……。
CD ⑩	♪効果音／やったーの音（楽譜P・156）
王様	姫が笑ったぞ。
末の息子	お姫様が笑った。
娘たち・町の人たち	お姫様が笑った。
CD ⑩	♪効果音／やったーの音（楽譜P・156）
娘たち・町の人たち	手が離れたぞ。やったー！
ナレーターB	金のガチョウがお姫様の笑いを誘い、お姫様の笑いが金のガチョウの魔法を解いたのです。
ナレーターC	末の息子はお姫様と結婚することができました。

王様は、腕を組んで首を左右に振る。

少し間を置いて、右側のほうを見て指さす。

末の息子・娘たち・町の人たちは、つながったまま左側から両足でジャンプしながら登場して、お姫様の前で止まる。

王様はばんざいをする。

末の息子は金のガチョウを持って、両手を頭上に伸ばす。

娘たち、町の人たちは、手を離して喜ぶ。

娘たち、町の人たちはジャンプしながら喜ぶ。

> **子どもといっしょに！**
> 4歳児はイラストのように、両手で前の人の腰を持ってつながったまま動くのが難しいので、両手をつないでもよいでしょう。

4〜5歳児向き　金のがちょう

末の息子

今からみんなでお祝いのダンスを踊ろう。

CD ㊾

♪B・G・M／『わらの中の七面鳥』
（楽譜P・157）

ナレーター全員

これで『金のがちょう』の劇あそびを終わります。

舞台の全員、グループに分かれて列になり、ジェンカを踊る。

① 右足を斜め前に出し、ヒールポイントして戻します。

② 左足を斜め前に出し、ヒールポイントして戻します。

③ 両足をそろえて、前・後ろ・前・前・前とジャンプします。

④ 4回繰り返した後、手を離してバラバラになり、軽く走った後横1列に並びます。

⑤ 正面を向いて腰に両手を当て、①②の動きを2回します。

子どもといっしょに！
最後は明るくて軽快なB.G.Mとともに、保育者が役ごとに子どもの名前を紹介し、呼ばれた子どもはそれぞれお辞儀をして退場していきます。

使用曲

CD㊶ P.148〜150で使用

ゆかいな牧場

アメリカ民謡　編曲：永井裕美

CD㊹ P.149・153で使用

残念な音

作曲：永井裕美

CD❿ P.150・154で使用

やったーの音

作曲：永井裕美

CD㊽ P.153で使用

だるまさん
[替え歌]

わらべうた　編曲：永井裕美

おひめさま　おひめさま　に らめっこ し ましょ わ らって く ださい あっ ぷっ ぷ

ほか、使用する効果音　CD㊷妖精や魔法使いの音／CD㊸おので切る音／CD㊺木が倒れる音／CD㊻くっつく音／CD㊼ファンファーレ

わらの中の七面鳥

アメリカ民謡　編曲：永井裕美

CD47（初めの5小節） P.151・152で使用
CD69 P.154・155で使用

十二支のはじまり

4～5歳児向き

お話のポイント

神様が動物たちに一年を任せるといったことから、十二支の順番は、どのように決まったのか、なぜネコ年がないかなどがわかります。

絵本から劇あそびへ保育の流れ

動物たちが神様の御殿に行くまでのようすや、会話などを子どもたちといっしょに考えていきましょう。絵本では、詳しい内容までは載っていない場合もあります。園でわかるようなことやクラスではやっていることなどを入れたりして、遊びを深めていきましょう。

絵本から感じたことを話し合ってみよう

絵本を見て、感じたことや思ったことを話し合ってみましょう。話しの内容を考えたりどの方向へ持っていったりするかなど、脚本の基礎に生かしていけるでしょう。

4～5歳児向き　十二支のはじまり

動きを考えよう

動物がたくさん出てくる話なので、それぞれの動きをどうするか、考えてみましょう。ひとつひとつの動きを確認しながら、よいものを拾っていきます。共通理解がしやすく、劇あそびにも取りかかりやすいです。

歌を作ろう

知っている曲に十二支を当てはめて歌ってみましょう。1学期から歌っている曲や手遊びの曲など、簡単な曲がわかりやすいです。共通でのせりふも歌に乗せると、覚えやすい場合もあります。

自分たちの干支は？

子どもたちの生まれた年の干支を取り上げ、その動物の場面を膨らませてみましょう。動きやせりふなどオリジナルな物が出て楽しくなります。ほかにも絵本には出ていない動物を登場させ、会話や動きを取り入れるなどしてみましょう。

子どもたちの姿を大切に

十二支の順番がどのように決まったのか、自分の干支、身近な人の干支などを知り、劇あそびを通して関心が高まりそうです。

登場人物の衣装

カラーポリ袋でかんたんに作れる衣装です。
色や模様をどんなふうにするのか、子どもたちと話しながら作りましょう。

準備

材料
- カラーポリ袋
- 不織布
- カラーせいさく紙
- 丸シール
- カラービニールテープ
- セロハンテープ
- キラキラテープ
- スズランテープ
- ひも
- 綿
- 厚紙
- 輪ゴム
- 平ゴム
- 色画用紙

※お面の型紙は、CDに収録

ネズミ

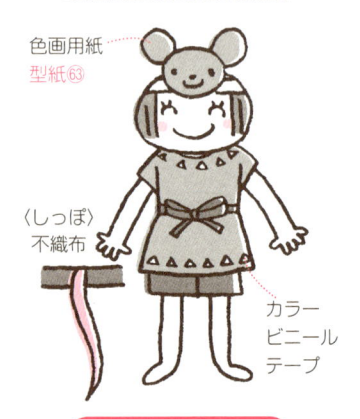

- 色画用紙 型紙63
- 〈しっぽ〉不織布
- カラービニールテープ

子どもといっしょに！
それぞれの動物をイメージしながら、いろんな素材を使って、模様を付けると楽しいです。

基本の作り方

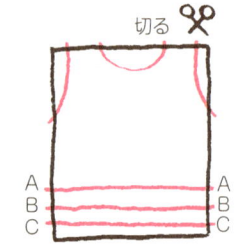

切る

- A：ネズミ下から⅜で切る
- B：トラ、ウサギ、サル、トリ、イヌ、イノシシ、ネコは、下から¼で切る
  ヘビ、ヒツジは、下から¼で切った後、折り返してセロハンテープで留め、平ゴムを通す
- C：ウシ、タツ、ウマは、下から⅛で切る

〈帯〉 
細長く切った不織布（縦目）にしっぽを付ける

神様

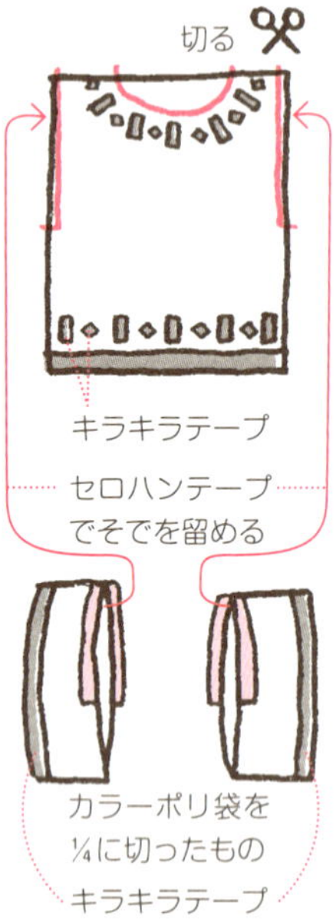

- 色画用紙を細長く丸めて、先を巻く
- 色画用紙 型紙62
- 輪にして穴をあけ、輪ゴムを通す
- 不織布を2つ折りにして、切り込みを入れる
- 細長く切った不織布
- キラキラテープ
- セロハンテープでそでを留める
- カラーポリ袋を¼に切ったもの
- キラキラテープ

切る

タツ

- 〈後ろ〉
- 色画用紙 型紙67
- カラーポリ袋で背びれを作る
- カラービニールテープ

ウサギ

- 色画用紙 型紙66
- 丸シール
- 〈しっぽ〉
- カラーポリ袋で綿を包む

トラ

- 〈後ろ〉
- 色画用紙 型紙65
- カラーポリ袋
- 〈しっぽ〉
- カラーポリ袋
- 袋状にしたカラーポリ袋に綿を詰める

ウシ

- 色画用紙 型紙64
- カラーポリ袋
- 〈しっぽ〉
- 三つ編みしたひも
- スズランテープ

160

4～5歳児向き 十二支のはじまり

サル
- カラービニールテープ
- 色画用紙 型紙㉛
- 〈しっぽ〉袋状にしたカラーポリ袋に綿を詰める

ヒツジ
- 色画用紙 型紙㊱
- カラービニールテープ
- 〈しっぽ〉カラーポリ袋に綿を詰める
- すそを折り返して、セロハンテープで留め、平ゴムを通す

ウマ
- 〈後ろ〉
- カラーポリ袋
- 色画用紙 型紙㊲
- 〈しっぽ〉スズランテープを裂く
- カラービニールテープ

ヘビ
- 色画用紙 型紙㊳
- カラーポリ袋
- すそを折り返して、セロハンテープで留め、平ゴムを通す

ネコ
- 〈後ろ〉
- カラーポリ袋
- 色画用紙 型紙㊶
- 〈しっぽ〉袋状にしたカラーポリ袋に綿を詰める

イノシシ
- 〈後ろ〉
- 色画用紙 型紙㊵
- カラーポリ袋
- 〈しっぽ〉三つ編みにしたひも・スズランテープ

イヌ
- 色画用紙 型紙㊴
- 〈しっぽ〉袋状にしたカラービニールテープに綿を詰めて、先を曲げて留める

ニワトリ
- 厚紙を画用紙にはる 型紙㊳
- 色画用紙 型紙㊷
- カラーせいさく紙と輪ゴムで帯を付ける
- カラービニールテープ

セット・小道具
広場と神様の家を3つの小道具で表現できます。

材料 ●ボール紙 ●板段ボール ●段ボール箱 ●色画用紙

神様の家：門
- 周りを飾り付けする
- 段ボール箱などにおもしを入れにものや大型積み木に、ボール紙を巻く
- ×2

木と草
- 段ボールを切り、色画用紙をはる
- 裏に段ボール箱や大型積み木を付け、立てられるようにする
- ×2
- ×3

脚本

登場人物

- ●神様
- ●ネズミ
- ●ウシ
- ●トラ
- ●ウサギ
- ●タツ
- ●ヘビ
- ●ウマ
- ●ヒツジ
- ●サル
- ●ニワトリ
- ●イヌ
- ●イノシシ
- ●ネコ

※ひとつの役を数人で演じる、交代で演じるなど、人数に合わせて登場人物を振り分けましょう。

[使える！脚本データ] **脚本⑬**

ナレーター　むかしむかし そのまたむかし 神様は広場に動物たちを集めて言いました。

神様　1月1日の朝、新年のあいさつをしに、御殿に来るがよい。来た者から12番まで順番にその年の王様にする。

CD ⑩　♪B・G・M／『お正月』（楽譜P.172）

ネズミ、ウシ、トラ　その年の王様だって―

ウサギ、タツ、ヘビ　やったー

ウマ、ヒツジ、サル　王様だー

ニワトリ、イヌ、イノシシ　がんばるぞー

全員　オー

CD ⑩　♪B・G・M／『お正月』（楽譜P.172）

神様は舞台の左、その続きに動物が1列に並ぶ。

全員退場する。

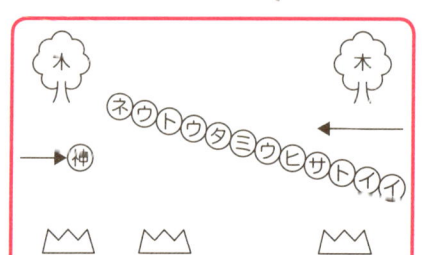

4〜5歳児向き 十二支のはじまり

ナレーター	みんなは1番になりたくて、家に帰って準備を始めました。だれもいなくなった広場に、ひょっこりネコが現れました。
CD 71	♪B・G・M／『ロンドン橋』（楽譜P・172）
ネコ	あれー　神様の御殿に行く日は、いつだったかなー　1日？　2日？　ネズミくんに聞いてみよう。
CD 71	♪B・G・M／『ロンドン橋』（楽譜P・172）
ネコ	ネズミくん　神様の御殿に行く日はいつだったかな？
ネズミ	2日だよ!!　ふつか。
ネコ	あれ？　忘れたの？
ネズミ	2日だね、ありがとうネズミくん。
CD 72	♪B・G・M／『ロンドン橋』最後の2小節（楽譜P・172）
ナレーター	ネズミはちょっと意地悪をしてネコに違う日を教えました。ネコはすっかり信じて家に帰りました。

※ネコ登場。

※ネコは、舞台を1周走ってから止まる。ネズミ登場。

※ネコとネズミが仲よく退場。

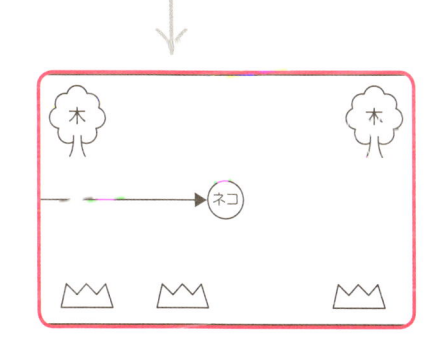

（イラスト：ネコ「ふつかだね　ありがとう」／ネズミ「ふっかだよ!!」）

脚本

ナレーター: 大晦日になり、ウシは御殿に行く準備を始めました。

CD ㊁: ♪ B・G・M／『マーチ』（楽譜P・172）を ゆっくり弾く

　舞台前にウシが出てくる。ウシから少し離れてネズミがようすを見る。

ウシ: よし　出発だー

　ぼくは足が遅いから、今から出発すれば朝には着くだろう。

ナレーター: ウシのようすを見ていたネズミはこっそり背中に乗りました。

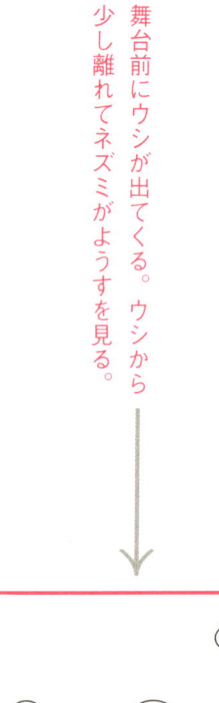

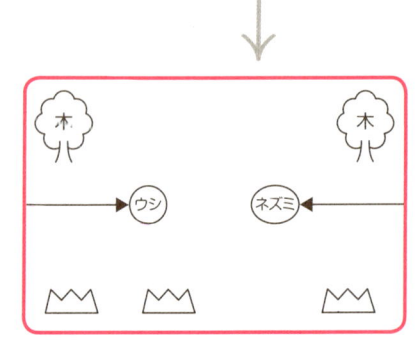

　ウシの後ろに並ぶ。

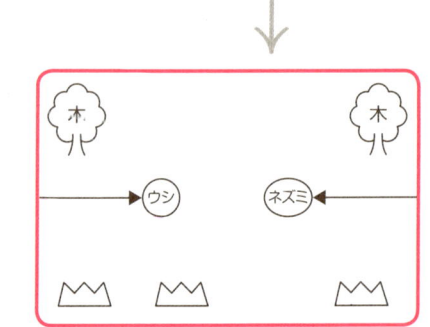

ネズミ: ウシくんの背中に乗って行くとらくちんだな　余裕で1番だ。

CD ㊂: ♪ B・G・M／『マーチ』（楽譜P・172）を ゆっくり弾く

　ウシとネズミがいっしょに歩いて退場。

CD ㊀: ♪ B・G・M／『お正月』（楽譜P・172）

　木を下げ、御殿の柱を出す。神様が登場。ウシとネズミは御殿前に座る。
　神様登場。

ナレーター: 1月1日の朝になりました。神様は御殿の前に出て、みんなが来るのを待っていました。御殿前で休んでいたウシが立ち上がり、ゆっくり神様のところへ歩き始めました。

　ウシは立ち上がり、神様のところまで歩く。

4〜5歳児向き　十二支のはじまり

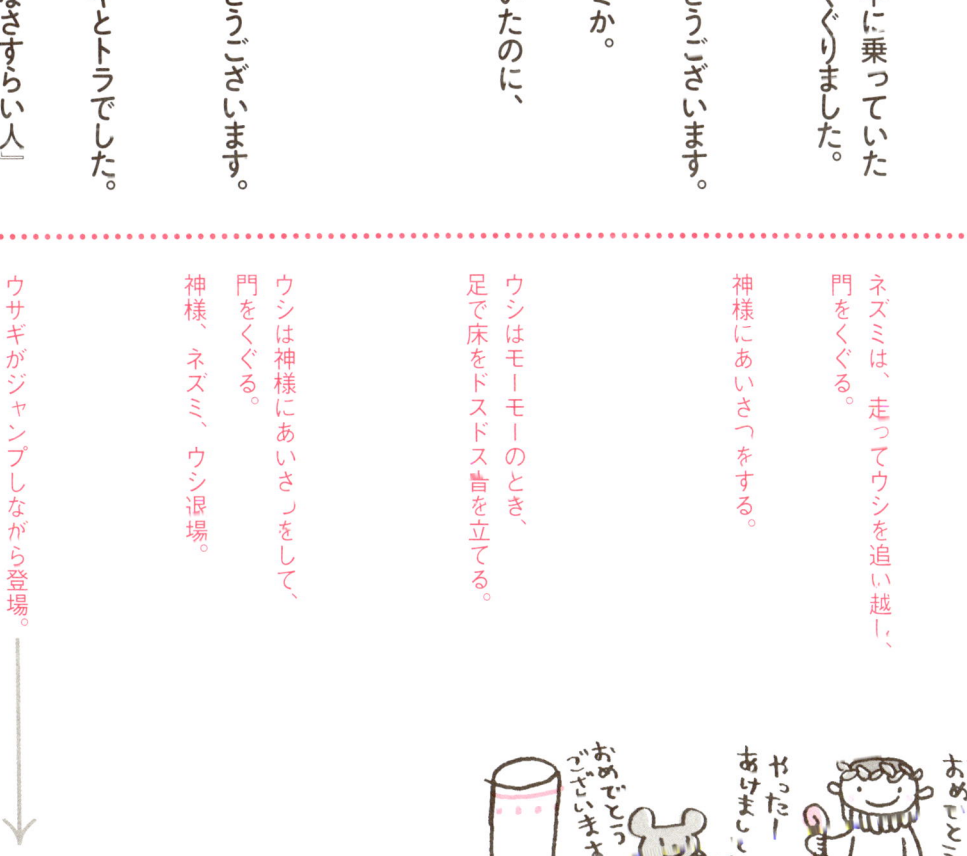

ウシ　神様　あけましておめでとうございます。

神様　おめでとう。

ナレーター　そのときです、ウシの背中に乗っていたネズミが飛び降り、門をくぐりました。

　　　　　　　　　　　　　ネズミは、走ってウシを追い越し、門をくぐる。

ネズミ　やったー、一番乗り。

　　　　　　　　　　　　　神様にあいさつをする。

神様　おめでとう　1番はネズミか。

ウシ　おめでとう　あけましておめでとうございます。

　　　　　　　　　　　　　ウシはモーモーのとき、足で床をドスドス音を立てる。

ウシ　モーモー　ぼくが先に着いたのに、ずるいぞモーモー。

神様　ウシは2番じゃ。

ウシ　まあいいか　2番でも。神様　あけましておめでとうございます。

　　　　　　　　　　　　　ウシは神様にあいさつをして、門をくぐる。
　　　　　　　　　　　　　神様、ネズミ、ウシ退場。

ナレーター　次にやって来たのはウサギとトラでした。

CD🎵74　♪B・G・M／『ちいさなさすらい人』（楽譜 P.173）

　　　　　　　　　　　　　ウサギがジャンプしながら登場。

ウサギ　ピョンピョン　ピョンピョン　私は走るのが速いから　きっと1番よ。

165

脚本

トラ　ウサギさん　何を言っているんだ。おれのほうが速いぞ、競争だ。

CD 75　♪効果音／よーい　ドン（楽譜P・173）

CD 76　♪ジャンジャジャーン（楽譜P・173）

トラ　よーい　ドン

神様　勝った。

トラ　おめでとう　3番がトラ、4番がウサギ。

ウサギ　1番じゃないのか。

トラ　まあ　いいじゃないか。

トラとウサギ　神様　あけましておめでとうございます。

ナレーター　次にやって来たのはタツとヘビでした。

CD 77　♪B・G・M／ヘビ、タツの登場曲（楽譜P・172）

タツ　私は、地面をはうのは嫌だ　雲に乗って行くよ。ヘビくんもいっしょにどうだい？

トラ、走って登場。

ウサギとトラが舞台を1周する。

トラが勝つ。

神様登場。

トラとウサギは神様にあいさつをして、門をくぐって退場。神様も退場。

ヘビ、タツが登場。

4〜5歳児向き 十二支のはじまり

ヘビ	道はだれかに踏まれそうだし、雲に乗るのも怖いし…ぼくは草の間を抜けて行くよ。
タツ	わかったよ　それじゃ　お先に。
CD 78	♪効果音／ビューン（タツが飛ぶ音）ゴー（タツが火を吹く音）
	タツは走って退場。その後に、ヘビが退場。
ナレーター	すごい音と共に御殿前にはタツが現れました。
	タツが再び登場。
タツ	神様　あけましておめでとうございます。
	タツ神様にあいさつをする。神様登場。
神様	おめでとう　タツは5番だ。
	タツは門をくぐって退場。
CD 79	♪効果音／スルスル（ヘビが地面をはう音）
	ヘビ登場。
ヘビ	神様　あけましておめでとうございます。
	ヘビは神様にあいさつもする。
神様	おめでとう　ヘビは6番だ。
	ヘビは門をくぐって退場。神様退場。
ナレーター	次にやって来たのは、ウマとヒツジでした。
CD 80	♪B・G・M／『鹿』（楽譜P・173）
	ウマ、ヒツジ登場。
ウマ	残ったのは、ぼくたちだけか。

167

脚本

ヒツジ	キツネ、タヌキ、シカ、オオカミ、みんなぶつかってこけたりけがをしたりしていなくなりました。
ウマ	最後までいっしょにがんばろう。もう少しで到着だ。
ヒツジ	はい　がんばりましょう。
CD㉛	♪効果音／パカパカ　パカパカ
ウマ	神様　あけましておめでとうございます。ウマは7番。
神様	おめでとう　ウマは7番。
ヒツジ	神様　あけましておめでとうございます。
神様	おめでとう　ヒツジは8番だ。
ナレーター	そして　次にやって来た動物はサルとニワトリとイヌです。
CD㉜	♪B・G・M／『さる』（楽譜P・174）
サル	イヌくん　どこへ行くんだよ。
イヌ	御殿だよ。
サル	いっしょに行こう。

ウマ、ヒツジは、舞台を歩き回る。

神様登場。

ウマ、門をくぐる。

ヒツジ、門をくぐる。
神様、ウマ、ヒツジ退場。

イヌ、サル、ニワトリ登場。

サルがイヌを追い越す。

4〜5歳児向き　十二支のはじまり

イヌ	前を歩かないでくれる。	
サル	イヌくんこそ　足踏まないでよ。	
イヌ	イヌくんこそ　すぐひっかくからなー。	
サル	サルくんは　すぐひっかくからなー。	
イヌ	イヌくんこそ　すぐかむだろっ。	
ニワトリ	みなさん　仲よく行きましょう。	
イヌ、サル	無理。	イヌとサルは、声を合わせて言う。
ニワトリ	いっしょにいると　すぐけんかになるしかたがない。間に入りますよ。	ニワトリは、サルとイヌの間に入る。
CD ⑧2	♪B・G・M／『さる』（楽譜P.174）	
ナレーター	サルとイヌがけんかをするのでニワトリが入り、なんとか御殿まで着きました。	サル、ニワトリ、イヌは舞台を1周する。
サル、ニワトリ、イヌ	神様　あけまして　おめでとうございます。	神様登場。あいさつをする。
神様	おめでとうサルは9番、ニワトリは10番、イヌは11番だ。	サル、ニワトリ、イヌの順番に門をくぐる。退場する。
ナレーター	いよいよ最後の動物がやって来ました。	

169

脚本

CD 83 ♪B・G・M／『オートバイがはしる』（楽譜P.174）

CD 84 ♪効果音／ドドドドドドー ドドドドドドー（イノシシが走る音）

〔イノシシが舞台の端から端まで走る。〕

〔イノシシが再び登場。〕

イノシシ　おめでとう。イノシシは12番だ。これでそろったようだ。

〔神様登場。〕

神様　あけましておめでとうございます。本当なら もっと早く着いていたはずなのにな―。あぶない あぶない。勢いがつきすぎて、御殿を通り過ぎてしまった。

〔イノシシは、門をくぐる。神様はみんなを手招きする。十二支たちが登場。〕

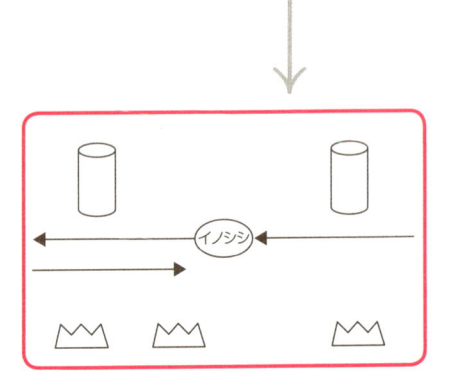

神様　これから順番に頼むぞ。

みんな　はい　神様。

神様　それでは　みんなで料理を食べて楽しんでくれ。

みんな　わーい　いただきまーす。

〔みんなが、喜び、食べるまねをしたり、踊ったりする。〕

ナレーター　順番も決まり、動物たちは楽しく料理を食べたり踊ったりしていました。次の日の朝、ネコがやって来ました。

〔全員退場。〕

170

4〜5歳児向き 十二支のはじまり

CD ㊞	♪B・G・M／『ロンドン橋』最後の2小節（楽譜P.172）
ネコ	神様　あけまして　おめでとうございます。わたしが　1番でしょう。
神様	今ごろ何を言っておる。
みんな	集まるのは1月1日の朝だよ。今日じゃないよ。
ネコ	えー　ネズミくんが2日って教えてくれたのに。うそをついたなー。
CD ㊞	♪B・G・M／『Run（かけあし）』（楽譜P.175）
神様	ネコは人間にかわいがってもらいなさい。さあ　みんな、12番まで覚えたかな？
みんな	せーのね、うし、とら、う、たつ、み、うま、ひつじ、さる、とり、いぬ、い
ナレーター	これで『十二支のはじまり』の劇あそびを終わります。

ネコ登場。

ネコがネズミを追いかける。

全員、舞台に登場し、一列に並ぶ。

171

使用曲

CD 70 P.162・164で使用

お正月
（最後の4小節）

作曲：滝廉太郎　編曲：永井裕美

CD 71 P.163で使用
CD 72 最後の2小節 P.163・171で使用

ロンドン橋

イギリス民謡　編曲：永井裕美

CD 73 ゆっくり弾く P.164で使用

マーチ

外国曲　編曲：渚智佳

CD 77 P.166で使用

ヘビ、タツの登場曲

作曲：永井裕美

172

4～5歳児向き　十二支のはじまり

CD 74
P.165で使用

ちいさなさすらい人
作曲：ランゲ

CD 75
P.166で使用

よーいドン
作曲：永井裕美

CD 76
P.166で使用

ジャンジャジャーン
作曲：渚 智佳

CD 80
P.167で使用

鹿
ノランダース民謡

使用曲

CD 82
P.168・169で使用

さる

作曲：チャイコフスキー

sempre staccato

CD 83
P.170で使用

オートバイがはしる

外国曲

Run
(かけあし)

お話のポイント

原作を元にした脚本のため、よく知られている話の内容とは異なる部分があります。
いろいろなストーリーがあることを知らせましょう。

絵本から劇あそびへ保育の流れ

原作の言い回しや内容をどのような形で取り入れるか、役を生かす持ち物や背景などを子どもたちにまかせて、進めてみましょう。

イメージを持とう

話を聞いて感じたことイメージしたことを、話し合ったり絵に表現したりしてみましょう。子どもたちと共有することで、劇あそびに入りやすくなります。

4〜5歳児向き

ピーター・パン

登場人物を決めよう

話しを聞いた後、登場人物を考えてみましょう。いろいろな意見の中でどのような役割をするのか、人物設定なども進めて行くと、子どもたちの意欲や劇あそびへの期待感が高まります。

「ピーター！」
「ウェンディ！」
「かいぞく！」
「だれがでてきたかな？」

小道具を作ろう

なにつかおうかなー

登場人物が持っているものや着ている物を作っていきましょう。あらかじめ材料を用意しておき、必要に応じて、足していきます。
大きい組ならではの、子どもたちのこだわりや工夫など、手作り感が味わえるでしょう。

大道具を作ろう

話しのストーリーが決まったら、岩や海賊船など大きな物を作っていききしょう。共同製作のように数人で形や色などを決め、ひとつの物を作り上げていくようにします。

子どもたちの姿を大切に

せりふや場面が多い年長の劇あそびです。いちから自分たちで作り上げていくことで、気持ちも内容も入りやすくなるでしょう。

登場人物の衣装

準備

それぞれの登場人物にテーマカラーを決めるとわかりやすいです。
人物のイメージを広げながら、素材を選んだり、模様を作ったりしましょう。

材料　●カラーポリ袋　●色紙　●色画用紙　●カラーせいさく紙　●レースペーパー　●発泡シート　●リボン
●金色せいさく紙　●マスキングテープ　●キラキラテープ　●カラー布粘着テープ　●輪ゴム　●平ゴム

ティンク

〈後ろ〉
カラーポリ袋を結んで大きなリボンにして付ける

- 首の後ろで結ぶ
- 色紙
- ギザギザに切る

ピーター

- カラーせいさく紙
- 肩で結ぶ
- 葉の形に切り、模様を描く
- ひも　色紙
- カラーせいさく紙
- 輪ゴム

基本の作り方B
ウェンディ、ジョン、マイケル、タイガーリリー、海賊たち、フック

- 子どもの体格に合わせて幅を詰める
- カラーポリ袋、子どもの身長、人物に合わせて、長さや切り方を変える

基本の作り方A
ピーター、ティンク、星たち、子どもたち

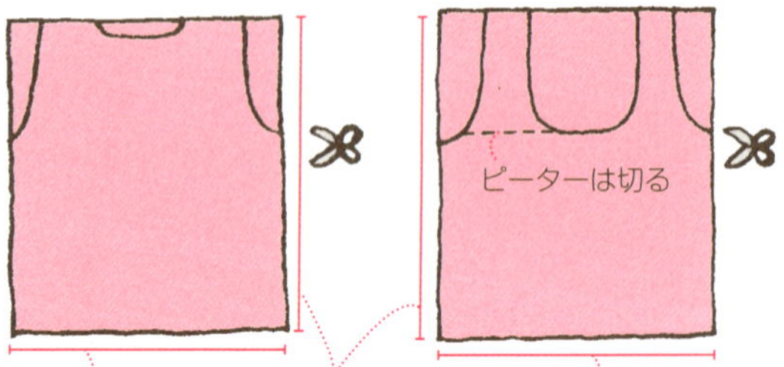

- ピーターは切る
- 子どもの体格に合わせて幅を詰める

子どもといっしょに！
色紙やキラキラテープなどを切って、思い思いの形や色で飾り付けしましょう。

星たち

- 背中にはる
- 金色せいさく紙
- 両肩で結ぶ
- キラキラテープ
- ギザギザに切る

マイケル

- マスキングテープ
- 丸シール
- 包装紙

ジョン

〈後ろ〉

- マスキングテープで縁取る
- 丸シール
- カラー粘着布テープ
- 〈バック〉
- リボン
- まちがある紙袋

ウェンディ

- レースペーパー
- リボン
- 色紙
- カラービニールテープを引っ張りながらはると、ふんわり感が出る

178

4〜5歳児向き　ピーター・パン

フック [かしら]
- カラーせいさく紙
- 色紙
- カラーせいさく紙
- 色紙
- キラキラテープ
- 発泡シートを丸めて形を整える

海賊たち
- 三角に折ったカラーポリ袋
- ゴムで縛る
- 切り込みを入れる
- カラーポリ袋

子どもたち
- 下側を折り、平ゴムを通す
- 色紙
- 両肩で結ぶ
- 切り込みを入れる

タイガー・リリー
- 胸元に切り込みを入れ、カラー布粘着テープで縁取る
- マスキングテープ
- 色画用紙
- カラーせいさく紙
- マスキングテープ
- 切り込みを入れる

セット・小道具

それぞれの場面のイメージを子どもと話しながら、楽しく作りましょう。

材料　●模造紙　●色画用紙　●板段ボール　●段ボール箱　●牛乳パック　●布　●アルミホイル　●ラップなどの芯

海の背景
- 模造紙

おとぎの国の背景
- 模造紙

家の中の背景

剣
- 段ボールを切り、アルミホイルや色画用紙をはる
- 大砲はラップなどの芯を付ける

岩
- 段ボールを切り、色画用紙をはる
- 段ボール箱にはり付ける

タンス
- 段ボール箱を重ねて色画用紙をはる

ベッド
- 段ボールを切り、色画用紙をはる
- 布をはる
- おもしを入れた牛乳パック
- 座って布を引っ張り、寝ているように見せる

海賊船
- 段ボールを切り、色画用紙をはる
- 子どもたちと考えながら、飾る
- 段ボール箱にはり付ける

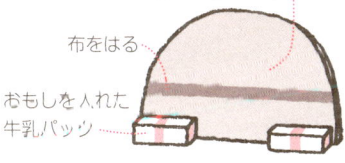

脚本

登場人物

- ピーター
- ティンク
- ウェンディ
- ジョン
- マイケル
- 星たち
- タイガー・リリー
- 子どもたち（1～4）
- 海賊たち（1～5）
- フック（かしら）

※ひとつの役を数人で演じる、交代で演じるなど、人数に合わせて登場人物を振り分けましょう。

[使える！脚本データ] 脚本⑭

ナレーター　イギリスのダーリング家には3人の子どもがいます。名前はウェンディ、ジョンとマイケルです。子どもたちの世話をしていたのは、ナナです。ナナはイヌですが、とてもよく動きます。子どもたちはナナが大好きです。そしてもうひとつ大好きなものがありました。おとぎの国のピーター・パンです。子どもたちが夢の中にいるころ、ピーターが訪ねて来ました。ナナがかみ付くと、あわてて影を落として行ってしまいました。金曜日の夜、お父さんとお母さんは、お出かけしました。

CD㊏　♪効果音／シャラシャラシャラ～

星たち　さあ、ピーター　今のうちだよ。

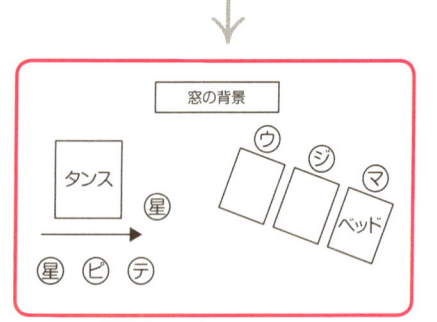

ウェンディ、ジョンとマイケルは、部屋で寝ている。
星たちが登場。

↓

ピーターとティンクが家に入り、影を探し始める。

[図：窓の背景／タンス／星／ウ／ジ／マ／ベッド／星／ピ／テ]

180

ピーター・パン

4〜5歳児向き

ピーター　ティンク　あったかい？
ティンク　ないわ。
ピーター　影があった。
ウェンディ　あなたはだれ？
ピーター　ピーター・パン。君の名前は？
ウェンディ　ウェンディ・モイラ・アンジラ・ダージリンよ。
ピーター　どこから来たの？
ウェンディ　二つ目の角を右に曲がって、朝までまっすぐ行ったところ。
ピーター　変わったところね。
ウェンディ　何しているの？
ピーター　ぼくの影を見つけたんだ。
ウェンディ　私が縫い付けてあげるわ。ピーター・パンは何歳なの？
ピーター　知らない。ぼくは妖精たちとずっといっしょなんだ。
ウェンディ　まさか、ここにもいるの？
ピーター　いるよ。

ピーターとティンクは、しばらく探す。

ピーターは前を向き、影を持って見せるまねをする。

ウェンディが目を覚まして、ピーターを見る。

ウェンディは、ピーターに影をくっ付けるまねをする。

脚本

CD ⑧⑦

ウェンディ　♪効果音／シャンシャン

ウェンディ　鈴の音しか聞こえないわ。

ピーター　うん、それがティンクなんだ。ティンカーベル。

ウェンディ　まあすてき。

ピーター　ぼくは、ウェンディが話す物語が大好きだ。いつも聞いていたんだ。ぼくといっしょにおとぎの国へ行こう。

ウェンディ　お母さんに聞かないとダメよ。それに空を飛べない。

ピーター　教えてあげるよ。さあ行こう。おとぎの国でみんなのお母さんになってほしい。

ウェンディ　行きたいわ。ジョンとマイケルもいっしょにね。2人とも起きて。ピーター・パンが空の飛び方を教えてくれるわ。

ジョン・マイケル　やったー　空を飛べるぞ。

ピーター　ぼくを見てて。いち、にのさん。さあいっしょに。

ティンクが軽くジャンプする。

ジョンとマイケルは起きて、前に出てくる。

ピーターは、ジャンプをする。

4〜5歳児向き　ピーター・パン

全員　いち、にのさーん。
　　　やったー。

CD 86　♪効果音／シャラシャラシャラー

ナレーター　みんなは楽しくはしゃぎながら、おとぎの国へ向かいました。何度もお月様を見た後、やっと入り口に到着しました。

ウェンディ　おとぎの国へようこそ。

ピーター　さあ　お茶にする？　冒険にする？

ピーター　お茶が先。

ジョン　どんな冒険なの？

ピーター　海賊と戦うのさ。

マイケル　だれがかしら？

ピーター　ジェイムズ・フックさ。

ティンク　海賊たちが夜になる前に、私たちを見つけたみたい。大砲を準備していたから、気をつけて進んで。

全員、ジャンプをする。

全員、音に合わせて、舞台を行き来する。

背景をおとぎの国に変える。

おとぎの国の背景

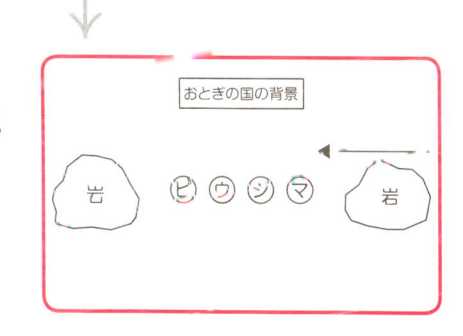

岩　ピウシマ　岩

脚本

CD 88
♪効果音／ドーン ドーン ドーン
（大砲の音）

ピーター
みんなだいじょうぶかい？

CD 02
♪B・G・M／『ごんべさんのあかちゃん』
（楽譜P・192）

海賊1
大砲をぶっぱなせー

海賊2
オー

CD 88
♪効果音／ドーン ドーン ドーン
（大砲の音）

海賊3
かしら、子どもたちを捕まえに行きましょう。

フック
まあ待て、音をたてるとタイガー・リリーの手下が襲ってくるぞ。わしは、ピーター・パンの手下をねらっておる。あいつの手とこのかぎの手で握手をして、やつを引き裂いてやる。ピーターはわしの右手を、たまたま通ったワニにほおり投げたんだ。

全員、退場。
海の背景に変える。
フックと海賊たちが登場。

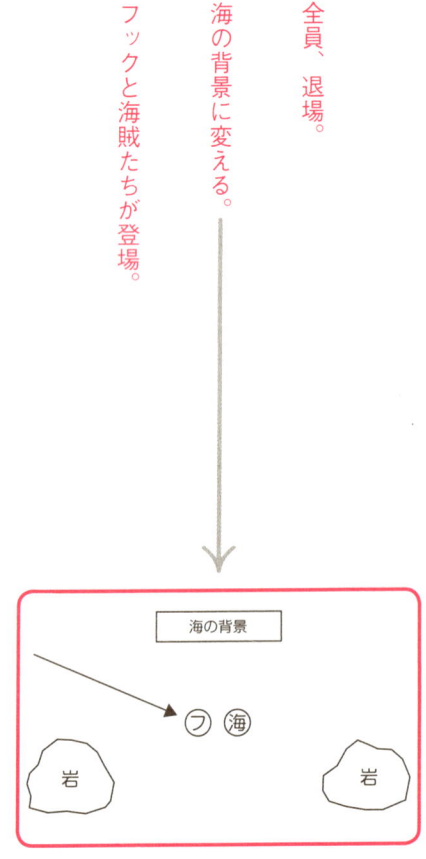

海賊たちはこぶしを上げる。

海の背景
→ ⑦ 海
岩　　岩

4〜5歳児向き　ピーター・パン

海賊4	かしらがどうしてワニを怖がるのか、不思議だったんですよ。
フック	ワニ全部が怖いわけではない。あのワニは、わしの腕が気にいったらしく、後をついてくるんだ。
海賊5	ワニに慕われているんですね。
フック	ワッハッハ。あのワニは運のいいことに、時計を飲み込んだんだから、近づいてくるとわかるんだよ。
CD ❽❾	♪効果音／チクタクチクタク（時計の音）
フック	ワニだ、逃げろー。
CD ❾⓪	♪B・G・M／『人魚の歌』（楽譜P・192）
ピーター	大ニュースだ。みんなのために、お母さんを連れてきたよ。
子ども1	こんにちは。お話をして。
子ども2	お話をして。
子ども3	ごはんを作って。
子ども4	ぼくたちを寝かしつけて。

全員退場。

場面転換　人魚の湖（背景はそのまま）。

舞台そででせりふを言う。

【海の背景】
　岩　　　　　岩
　子 子 子　ピ

185

脚本

ナレーター：毎日楽しくわくわくしながら、過ぎていきました。ある日のことです。子どもたちは人魚の湖で遊んでいました。

子ども1：岩から岩へジャンプだ。

子ども2：よし　順番だ。

ウェンディ：みんな、気をつけてね。

子どもたちが、ジャンプやトンネルくぐりを繰り返す。

ウェンディは、岩に腰掛けて見ている。

マイケル：ぼくも挑戦だ。

ジョン：ぼくもやってみるよ。

ウェンディ：みんなじょうずだわ。

ピーター：海賊だ。隠れろ。

ピーターが走ってくる。

全員岩陰に隠れる。

CD ⑨1　♪B・G・M／『ごんべさんのあかちゃん』最後の4小節（楽譜P.192）

海賊とタイガー・リリーが歩いて登場。

海賊1：タイガー・リリーを捕まえたぞ。

海賊2：海賊船に乗り込むとはいい度胸だ。

海賊3：だが、残念だったな。お前はこの湖で最後を迎えるんだ。

タイガー・リリー：覚悟はできているわ。

海賊がしばらく連れて歩く。

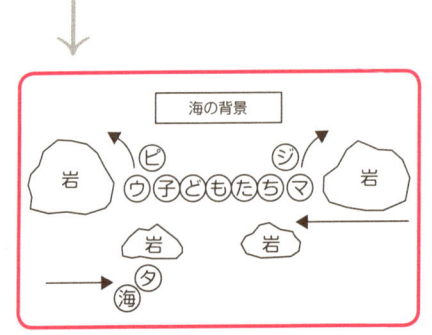

186

4〜5歳児向き　ピーター・パン

ピーター　おーいお前たち。
海賊1　あ、かしらだ。なんでしょうか。
ピーター　タイガー・リリーを放してやれー。
海賊2　放すんですか？
ピーター　そうだ。縄をほどいてやれ。
海賊3　でもかしら……。
ピーター　すぐにやるんだ。さもないと、このかぎでひっかくぞ。
海賊1　へんだなあ。
海賊2　かしらの言いつけどおりにしたほうが、身のためだぞ。
海賊3　かしこまりました。
タイガー・リリー　ピーター・パンありがとう。

CD 64 ♪B・G・M／『残念な音』（楽譜P.193）

フック　おーい
海賊1　かしら、こっちです。
フック　お前たち、ここで何をしている？

ピーターは岩の後ろに立ち、フックのまねをして話をする。

海賊がタイガー・リリーの縄をほどく。
タイガー・リリーが逃げる。
ウェンディほか全員こっそり逃げる。
本物のフックが登場。

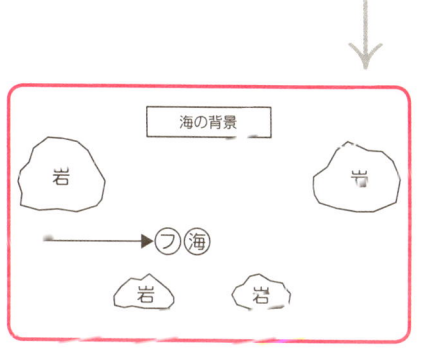

海の背景
岩　岩
→フ　海
岩　岩

187

脚本

海賊2　かしらに言われたとおり、タイガー・リリーを放したところです。

フック　そんな命令はしていないぞ。

海賊3　えー確かに聞きました。

フック　わしではない、ピーター・パンだ。おれたちをだましたな！

海賊1　近くにいるはずだ。

海賊2　捕まえてやるぞ。

海賊3

ナレーター　タイガー・リリーを助けたことで、タイガー・リリーの仲間たちが味方についてくれました。子どもたちが住んでいる家の周りを、いつも見張ってくれます。ある日の朝方、突然、海賊たちが襲ってきました。仲間たちは必死で戦いました。

CD 92　♪効果音／シャキン　カキン（剣のぶつかる音）

CD 93　♪効果音／ドン　ドン　ドン　ドン（太鼓の音）

子どもたち　太鼓だ。みんなが勝ったんだ。

全員、追いかけるように退場。

場面転換（背景はそのまま）。

走って舞台中央に出る。

4～5歳児向き　ピーター・パン

ウェンディ　やったー。やったー。それじゃあ　ピーターさようなら。	ウェンディ、ジョン、マイケル、数人の子どもたちが歩き始める。
ティンク　イギリスへ出発。道案内するわ。	
CD ❷　♪B・G・M／『ごんべさんのあかちゃん』（楽譜P.192）	海賊たちが岩の後ろから登場。
海賊たち　お前たちを待っていたんだ。全員捕まえるぞ。	次々とウェンディたちの手をつないで連れて行く。ティンクは別方向へ走って行く。舞台端に立つ。
子どもたち　助けてー	ティンクは、ピーターの耳元でコソコソと話をする。
ティンク　ピーター、大変よ。ウェンディや子どもたちが、海賊にさらわれたの。	
ピーター　よーし、フックと最後の戦いだ。	場面転換（背景はそのまま）。
CD ❾　♪B・G・M／『10人のインディアン』（楽譜P.193）をゆっくりなテンポで	フックと海賊は海賊船に並んで立つ。
フック　子どもたちを連れて来い。順番に板渡りをしてもらう。	海賊1と子どもたちがフックの前に並ぶ。

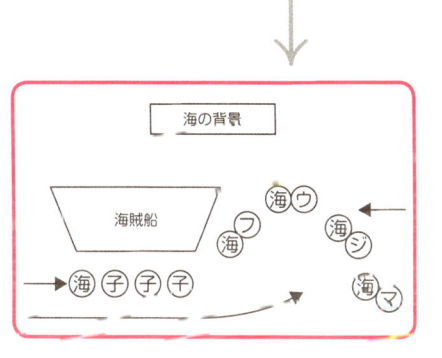

```
┌─ 海の背景 ─────────┐
│                  海ウ  │
│ ┌────┐  海    海シ  │
│ │海賊船│ フ         │
│ └────┘ 海          │
│ →海子子子    海マ     │
└──────────────────┘
```

189

脚本

	セリフ	ト書き
子ども3	嫌だー	
子ども4	放せー	
ウェンディ	どうするつもり？	
フック	順番に海へ飛び込んでもらおう。	
子どもたち	嫌だよー	
CD ❽❾	♪効果音／チクタクチクタク（時計の音）	
海賊4	かしらを好きなワニです。	海賊たちがフックを隠す。子どもたちは海を見る。
海賊5	どうしますか？	
フック	おれを隠してくれ。	
海賊たち	はい、かしら。	
CD ❽❾	♪効果音／チクタクチクタク（時計の音）	少しずつ音を大きくする。
フック	早く 子どもを飛び込ませろ。	
ピーター	みんなを助けに来たぞ。	ピーターが登場。
子どもたち	ピーター・パンだ！	
ピーター	みんなで海賊をやっつけるぞ。	ピーターが子どもたちに剣を渡し、戦いが始まる。

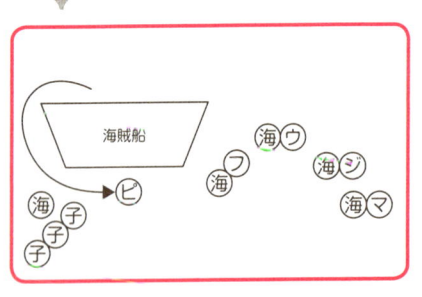

4〜5歳児向き　ピーター・パン

役	セリフ・ト書き	備考
CD 92	♪効果音／シャキン　カキン（剣のぶつかる音）	ピーターとフック、子どもたちと海賊たちが戦う。
CD 95	♪B・G・M『勇ましい騎手』（楽譜 P・194）	
CD 92	♪効果音／シャキン　カキン（剣のぶつかる音）	音を組み合わせる
フック	もうだめだ。	フックは舞台そでへ逃げる。
海賊たち	かしらー	海賊たちが叫ぶ。
CD 96	♪効果音／バシャーン！（海へ落ちる音）	海賊たちが退場。
子どもたち	やったやったー　海賊をやっつけたぞ。	全員で喜ぶ。
海賊	みんな逃げろー	
ウェンディ	みんなよかったね。	
ジョン・マイケル	海賊船に乗って、イギリスの家に帰ろう。	
ナレーター	ウェンディ、マイケル、ジョンは、無事に到着しました。おとぎの国の子どもたちは、ダーリング家の養子になりました。毎年春の大掃除のころ、ウェンディを迎えにくると約束して、ピーター・パンは、おとぎの国へ帰って行きました。	

191

CD 02 P.184・189で使用
CD 91 最後の4小節
P.186で使用

ごんべさんのあかちゃん

作詞不詳　アメリカ曲　編曲：永井裕美

CD 90
P.185で使用

人魚の歌

作曲：ウェーバー　編曲：渚　智佳

4〜5歳児向き　ピーター・パン

残念な音

CD 64
P.187で使用

作曲：永井裕美

10人のインディアン

CD 94
ゆっくりなテンポで
P.189で使用

アメリカ曲　編曲：永井裕美

ほか、使用する効果音
- CD 95 シャランシャフシャラー／CD 97 シャンシャン／CD 98 ドーン　ドーン　ドーン（大砲の音）／
- CD 89 チクタクチクタク（時計の音）／CD 92 シャキン　カキン（剣のぶつかる音）／
- CD 93 ドン　ドン　ドン　ドン　ドン（太鼓の音）／CD 96 バシャーン！（海に落ちる音）

勇ましい騎手

作曲：シューマン

CDをお使いになる前に必ずお読みください

【ディスクの動作環境】
- OS：Windows Vista / 7 / 8
- ドライブ：CDエクストラ対応フォーマットのCD-Rドライブ
- アプリケーション：
  音楽再生可能なアプリケーション
  Microsoft Word 2003 / 2007 / 2010 / 2013
- PDF形式のデータが使用できるアプリケーションソフト
  Adobe Reader 7.0以上

基本はパソコンで操作します。音楽はCDプレーヤーでも再生可能です。

【ご注意】
○本CDに収録されているデジタルコンテンツをご使用の際、パソコンの基本動作、Windows OS及びMicrosoft Word、Adobe Readerの基本操作は、それぞれの解説書をご参照ください。
※Microsoft、Windows、Wordは、米国Microsoft Corporationの米国、及びその他の国における登録商標です。
※Adobe Readerは、Adobe Systems Incorporatedの登録商標です。
※本文中ではRマーク及びTMマークは省略しております。
○本CDをご使用したことにより発生した直接的、間接的及び波及効果によるいかなる損害に対して、弊社及び著作者は一切の責任を負いません。

【データご使用の許諾と禁止事項について】
○弊社は、本CDに収録されているデータのすべての著作権を管理しています。
○本CDに収録されたデータは、ご購入の個人・法人・団体様が私的範囲・施設範囲内で自由にご使用いただけます。
○施設・団体のPR・ご販売目的での出版物やウェブサイトでのご使用はできません。
○本CDに収録されているデータを複製したものを転載貸与・販売・頒布することはできません。

「ウルトラCD」の使い方

※本書では「ウルトラCD」としておりますが、画像や文書も混在したエンハンスト仕様となっております。

Windows7の場合

ウルトラCDには、B.G.M効果音、脚本Wordデータ、型紙PDFデータ 3種類のデータが入っています！

★最初に、CDをパソコンに入れ、開きます。

①スタートボタンをクリックします。

②コンピューターをクリックします。

③CD/DVD RWドライブを右クリックします。

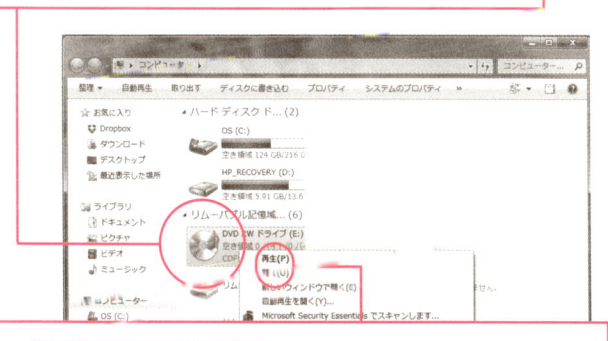

④音楽を再生するとき
↓
「再生」をクリックします。
→続きはP.197「音楽データ活用法」へ

脚本Wordデータを開くとき
↓
「開く」をクリックします。
→続きはP.198「脚本Wordデータ活用法」へ

型紙PDFデータを開くとき
↓
「開く」をクリックします。
→続きはP.199「型紙PDFデータ活用法」へ

※音楽はCDプレーヤーでも再生可能です。

「ウルトラCD」収録データ一覧表

※各脚本に対応した、脚本Wordデータ、B.G.M.&効果音、型紙PDFデータの一覧表です。横に沿ってご覧下さい。
※ピンク色は、それよりも前のページの脚本でも使っているものです。CD内には、番号順に並んでひとつずつしか入っていませんので、その番号に戻ってお使いください。

脚本Wordデータ / B.G.M.&効果音 / 型紙PDFデータ

脚本Wordデータ	B.G.M.&効果音		型紙PDFデータ	
01_いないいないばあ あそび.doc	01_むすんでひらいて		01_羽.pdf	02_ワンちゃん表.pdf
			03_ワンちゃん裏.pdf	04_ウサちゃん表.pdf
			05_ウサちゃん裏.pdf	06_クマさん表.pdf
			07_クマさん裏.pdf	
02_おつむ てんてん.doc	02_ごんべさんのあかちゃん	03_ちょちちょちあわわ	08_ネコ顔.pdf	09_イヌ顔・しっぽ.pdf
			10_花・車.pdf	
03_とんとんとん.doc	04_いとまきのうた	05_ハッピー・バースディ・トゥ・ユー	11_カバお面.pdf	12_ウサギお面.pdf
			13_おばけお面.pdf	14_クマお面.pdf
04_でんしゃにのって.doc	06_げんこつやまのたぬきさん		15_クマお面.pdf	16_ウサギお面.pdf
			17_ゾウお面.pdf	
05_てぶくろ.doc	07_おおきなくりのきのしたで		18_ネズミ顔.pdf	19_ウサギ顔.pdf
			20_タヌキ顔.pdf	21_パンダ顔.pdf
			22_ライオン顔.pdf	
06_おおきなかぶ.doc	08_小さな庭	09_ポンッと抜けた音	23_イヌお面.pdf	24_ネコお面.pdf
	10_やったーの音		25_ネズミお面.pdf	
07_おむすびころりん.doc	11_村祭	12_コロコロ転がる音	25_ネズミお面.pdf	
	13_小さな物が落ちる音	14_ゴロゴロ転がる音		
	15_大きな物が落ちる音	16_十五夜さんのもちつき		
	17_怖い音『トッカータとフーガ』より	18_かごめ かごめ		
	19_ねこふんじゃった			
08_おおかみと7ひきのこやぎ.doc	20_メリーさんのひつじ	21_あぶくたった	26_おかあさんヤギお面.pdf	27_子ヤギお面.pdf
	22_扉をノックする音	23_ばれた音	28_オオカミお面.pdf	
	24_メリーゴーランド	25_見つかった音		
	26_おなかいっぱいの音	27_メリーさんのひつじ(短調)		
	28_アビニョンの橋の上で	29_ハサミで切る音		
	30_縫う音	31_目が覚めた音		
	32_水に落ちる音			
09_サルとカニ.doc	33_グーチョキパーでなにつくろう	01_むすんでひらいて	29_カニ(母親)お面.pdf	30_カニ(母親)ハサミ.pdf
	34_むすんでひらいて(1オクターブ上)	35_グーチョキパーでなにつくろう(初めの4小節)	31_カニ(子ども)お面.pdf	32_カニ(子ども)ハサミ.pdf
	36_むすんでひらいて(5~8小節)	06_げんこつやまのたぬきさん	33_サルお面.pdf	34_クリお面.pdf
	02_ごんべさんのあかちゃん	37_ポン(クリは火の中へ)	35_ハチ羽.pdf	36_コンブ.pdf
	38_ポンポン(ハチは入りロへ)	39_ポンポンポン(カニの子どもたちは水の中に)	37_臼.pdf	
	40_ポンポンポンポン(コンブは入りロへ)	41_ポンポンポンポンポン(臼は屋根の上に)		
	42_パチパチパチーン(はじける音)	43_ブーン チクリ		
	44_チョキチョキチョキチョキ チョキチョキチョキチョキ	45_ツルン すってんころりん		
	46_ドッスーン			
10_くすのきだんちは10かいだて.doc	47_わらの中の七面鳥(初めの5小節)	48_ポロロロン(登場の音)	38_モグラお面A.pdf	39_キツネお面A.pdf
	49_山の音楽家	50_かわいいオーガスティン	40_ウサギ赤お面A.pdf	41_ウサギ青お面A.pdf
	51_ドンドンドンドンドン(踊る足音)	52_ポトポトポト バシャーン(水の音)	42_サルお面A.pdf	43_ヘビお面A.pdf
	53_ホーホーホーホー(フクロウの鳴き声)	54_ヒューヒュドロドロドロ(おばけの音)	44_リス男の子お面A.pdf	45_リス女の子お面A.pdf
	25_怒った音(「見つかった音」と同じ)	55_バタン(ドアを力いっぱい閉める音)	46_カケス男の子お面A.pdf	47_カケス女の子お面A.pdf
			48_モモンガお面A.pdf	49_フクロウお面A.pdf
			50_モグラお面B.pdf	51_キツネお面B.pdf
			52_ウサギ赤お面B.pdf	53_ウサギ青お面B.pdf
			54_サルお面B.pdf	55_ヘビお面B.pdf
			56_リス男の子お面B.pdf	57_リス女の子お面B.pdf
			58_カケス男の子お面B.pdf	59_カケス女の子お面B.pdf
			60_モモンガお面B.pdf	61_フクロウお面B.pdf
11_かさじぞう.doc	56_ずくぼんじょ	57_雪	23_イヌお面.pdf	24_ネコお面.pdf
	58_おおさむこさむ	59_吹雪の音		
	60_雪の上を歩き、そりを引く音			
12_金のがちょう.doc	61_ゆかいな牧場	62_妖精や魔法使いの音		
	63_おので切る音	64_残念な音		
	10_やったーの音	65_木が倒れる音		
	47_わらの中の七面鳥(初めの5小節)	66_くっつく音		
	67_ファンファーレ	68_だるまさん		
	69_わらの中の七面鳥			
13_十二支のはじまり.doc	70_お正月	71_ロンドン橋	62_神様冠の葉.pdf	63_ネズミお面.pdf
	72_ロンドン橋(最後の2小節)	73_マーチ	64_ウシお面.pdf	65_トラお面.pdf
	74_ちいさなさすらい人	75_よーいドン	66_ウサギお面.pdf	67_タツお面.pdf
	76_ジャンジャジャーン	77_ヘビ、タツの登場曲	68_ヘビお面.pdf	69_ウマお面.pdf
	78_ビューン(タツが飛ぶ音)ゴー(タツが火を吹く音)	79_スルスル(ヘビが地面をはう音)	70_ヒツジお面.pdf	71_サルお面.pdf
	80_鹿	81_パカパカ パカパカ(ウマとヒツジが歩く音)	72_ニワトリお面.pdf	73_ニワトリの羽.pdf
	82_さる	83_オートバイがはしる	74_イヌお面.pdf	75_イノシシお面.pdf
	84_ドドドドドー ドドドドドー(イノシシが走る音)	85_Run(かけあし)	76_ネコお面.pdf	
14_ピーター・パン.doc	86_シャラシャラシャラー	87_シャンシャン		
	88_ドーンドーンドーン(大砲の音)	02_ごんべさんのあかちゃん		
	89_チクタクチクタク(時計の音)	90_人魚の歌		
	91_ごんべさんのあかちゃん(最後の4小節)	64_残念な音		
	92_シャキン カキン(剣のぶつかる音)	93_ドンドンドンドン(太鼓の音)		
	94_10人のインディアン	95_勇ましい騎手		
	96_バッシャーン!(海へ落ちる音)			

音楽データ活用法

CDの中のB.G.M＆効果音データを、パソコンの音楽再生ソフトを使って読み込み、使う曲だけを抜き出したり、曲順を変えたりすることができます！

Windows7の場合

1 CDをパソコンに入れ、音楽再生ソフトを使ってデータを開きます。→P.195参照

2 必要な順に並べ変えます。

◆ Windows Media Player を使用する場合
※Windows Media Player は、米国 Microsoft Corporation の米国及びその他の国における登録商標または商標です。

①カーソルを画面の右上に置くと表示される「ライブラリに切り替え」をクリックします。
→画面がライブラリに変わります。

↓

※インターネットがつながるパソコンで使用の場合、自動的に情報が取得されて曲名がつきます。

②「CDの取り込み」をクリック！
→CDの音楽データが、パソコンに取り込まれます。

↓

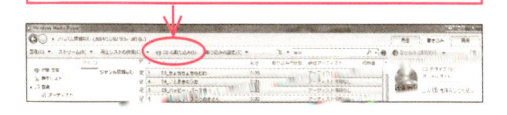

③「アルバム」をクリックし、取り込んだ「ウルトラCD」のアルバムデータを選択してダブルクリックします。
→取り込まれた音楽データが表示されます。

↓

④画面右側「再生」をクリックし、再生リストを表示させます。
　画面中央の音楽データのうち、移動させたいデータを再生リストにドラッグ＆ドロップ（クリックしたまま　ソルを移動して離す）します。
　順番の並べ変えも再生リスト内でのドラッグ＆ドロップで行なえます。

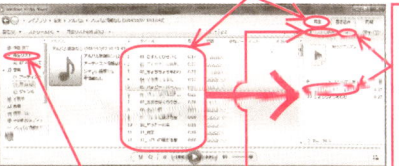

リストの全消去をしたいときは再生リスト中央上部の「>>」をクリックして「いいいの消去」を選択します。
個別に削除したいときはデータの上にカーソルを置き右クリック、「リストから削除」を選択します。

⑤右側の「リストの保存」をクリック→名前を付けてリストを保存します。再生するときは、左側の「再生リスト」から開きます。

---

⑥空のCD-Rをパソコンに入れ、画面右上「書き込み」をクリックし、画面右側に書き込みリストを表示させます。

⑦再生リストと同様の手順で音楽データをドラッグ＆ドロップし、書き込みリストを作成します。

⑧「書き込みの開始」をクリック
→CDプレーヤーでも再生可能なCD-Rに焼くことができます。

※CD-Rに焼く際は、園内での使用に留めてください。

◆ itunes を使用する場合
※itunes は、米国及び他の国々で登録された Apple Inc. の商標です。

※インターネットがつながるパソコンで使用の場合、自動的に情報が取得されて曲名がつきます。

①「インポート（読み込み）」をクリック！
→CDの音楽データが、パソコンに取り込まれます。

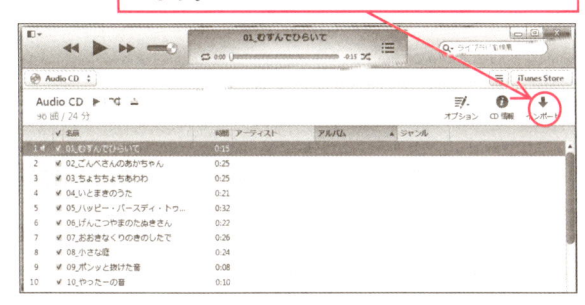

②CDを取り出し、空のCD-Rを入れます。

↓

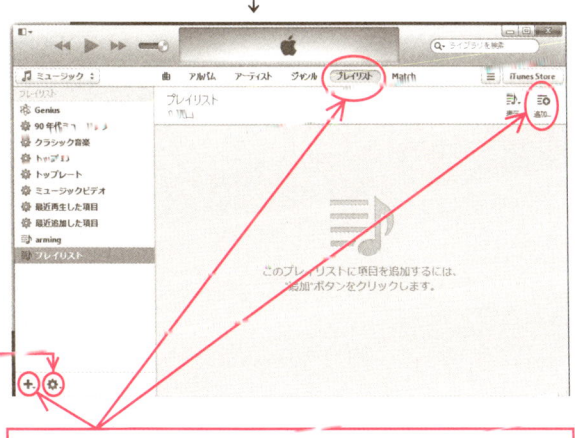

③画面中央上「プレイリスト」をクリックした後、左下の「+」をクリックし、新しいプレイリストを作成します。
→右上の「追加」をクリックし、プレイリストに音楽データをドラッグ＆ドロップします。
→オリジナルのプレイ（再生）リストを作れます。

④画面左下の歯車マークをクリック。
→「プレイリストからディスクを作成」を選択します。
→CDプレーヤーでも再生可能なCD-Rに焼くことができます。

※CD-Rに焼く際は、園内での使用に留めてください。

脚本 Word データ活用法

CD に入っている脚本 Word データは、そのまま出力して使うこともできますが、子どもたちといっしょに遊びながら自由に作り変えることもできます！

> Windows7 の場合

1 CD をパソコンに入れて開きます。
→P.195 参照

2 「脚本 Word データ」から、開きたい「○○_○○○○.doc」を選んで、クリックして開きます。

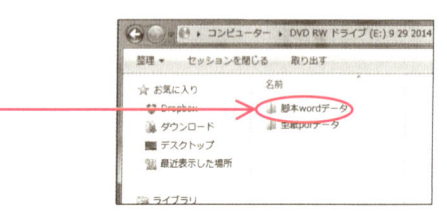

3 1枚目は表紙（A）です。文字を打ち変えます。

①カーソルを合わせてクリック！
「Back Space」キーか「delete」キーで文字を消し入力します。

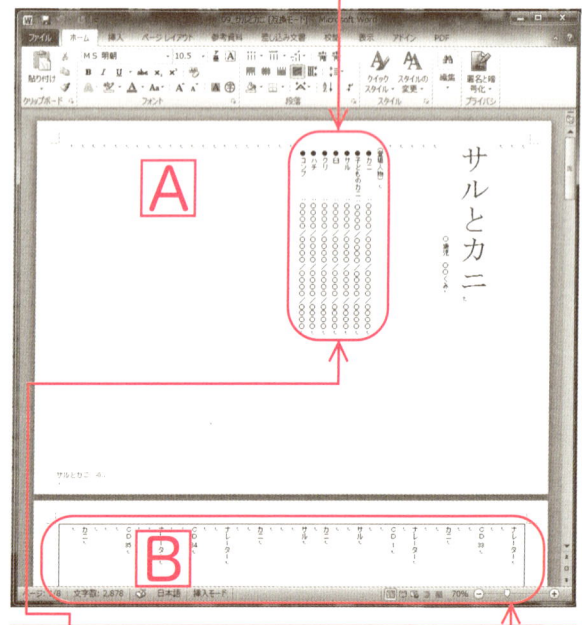

②表紙の行数が変わると脚本ページ（B）のテキストボックスが左右にずれるので、ずれた分だけ表紙（A）の空きスペースの行数を、「space」キーで増やしたり、「delete」キーで減らしたりして調整してください。

---

4 2枚目以降は脚本（B）になっています。
3つの段は、Wordのテキストボックスという機能で作られています。
こちらも文字を打ち変えます。

①カーソルを合わせてクリック！
「Back Space」キーか「delete」キーで文字を消し入力します。

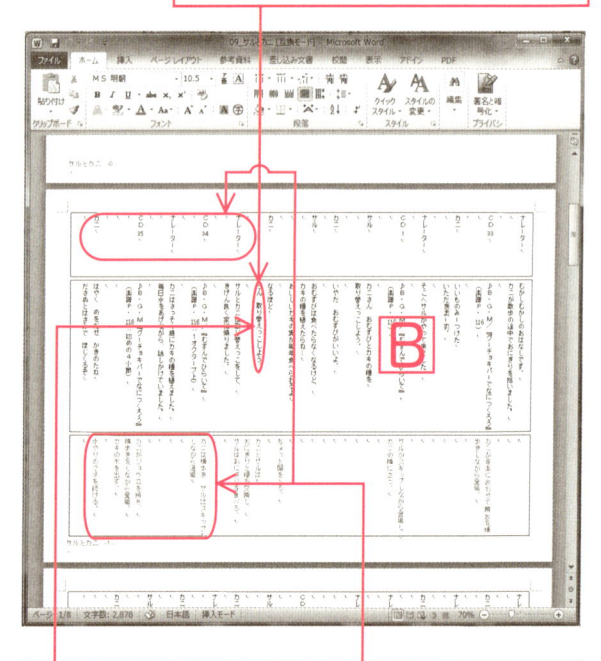

②例えば、中央の段が1行増えても、上下の段の行は変化しません。
上と下の段の内容をそろえるために、増えた行数分空きスペースの行数を「enter」キーで増やして調整してください。
行が減った場合は、「Back Space」か「delete」キーを使います。

5 名前をつけて保存、印刷します。

①「ファイル」をクリックします。
画面にしたがって保存、印刷を行なうことができます。

※そのほか、文字の大きさを変えたり、色を変える場合はお手持ちのパソコンの Word の操作をご参照ください。

作り変えすぎて分からなくなったら・・・
↓
CD から元のデータを開いて、再度行なってください。

① 「ファイル」から「印刷」をクリック

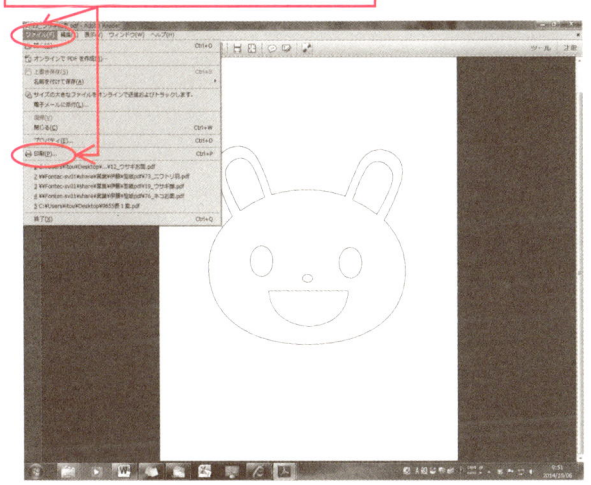

② 「実際のサイズ」をクリック

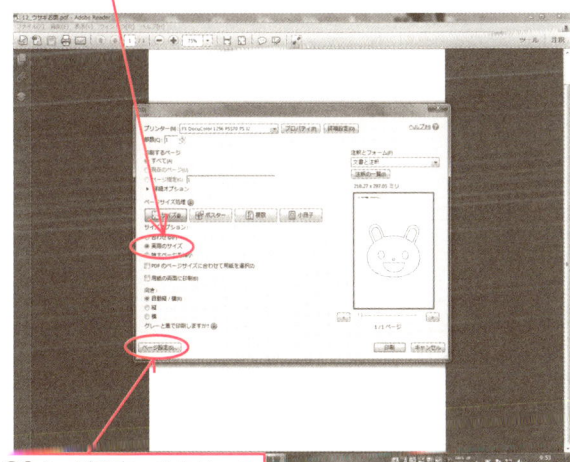

③ 「ページ設定」をクリック

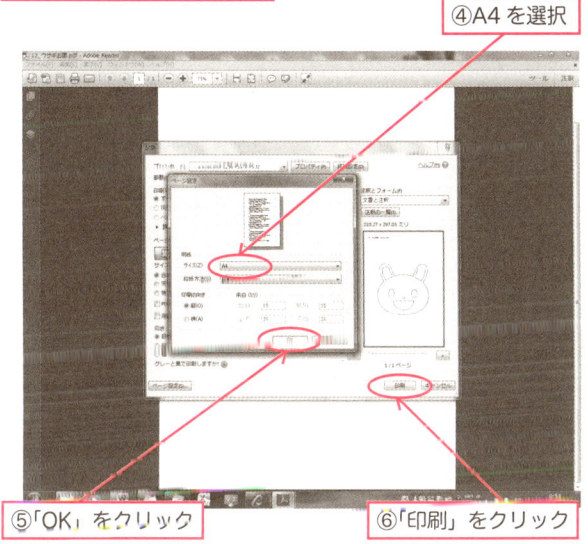

④ A4 を選択

⑤ 「OK」をクリック

⑥ 「印刷」をクリック

※拡大が必要なものは、印刷した後、拡大コピーをするとよいでしょう。
また、用途や子どもたちに合わせて拡大・縮小するのもよいでしょう。

型紙 PDF データ活用法

CD に入っている型紙 PDF データを出力して、お面作りに使えます。
A4 サイズの PDF データです。

Windows7 の場合

1. CD をパソコンに入れて開きます。
→P.195 参照

2. 「型紙 PDF データ」から、開きたい「○○_○○○○.pdf」を選んで、クリックします。

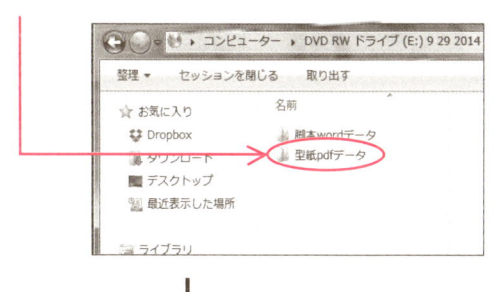

開けました。

3. 印刷する。

本書 CD 内の PDF データは、すべて A4 サイズです。
A4 用紙に「実際のサイズ」で印刷すると原寸でそのまま使えます。
一部、A4→A3 に拡大が必要なもの（型紙番号 ⑥ ⑦ ㊱ ㊲ ㊳）もあります。一度 A4 サイズで印刷し、拡大コピーをするとよいでしょう。

〈編著者〉
永井　裕美（ながい　ひろみ）
保育士・幼稚園教諭として勤務。
『月刊　保育とカリキュラム』2009年4月号（ひかりのくに・刊）より、毎月のおたよりイラスト＆文例ページにおいて、文例・イラスト案を担当。

〈協力〉
田丸信明
P.131『かわいいオーガスティン』伴奏譜
（『夢みるピアニスト　こどものピアノ名曲集2』(株)ドレミ楽譜出版社・刊）

※本書は、『月刊　保育とカリキュラム』2013年11月号別冊附録『劇あそび まるごとBOOK』に追加・加筆・再編集し、改題したものです。

STAFF
●衣装製作・お面型紙／いとうえみ・いわいざこまゆ・
　　　　　　　　　　おおしだいちこ・菊地清美・十亀敏枝・
　　　　　　　　　　永井裕美・ピンクパールプランニング
●本文イラスト／今井久恵・オビカカズミ・北村友紀・小林真美・
　　　　　　　　白川美和・ゼリービーンズ・たかぎ＊のぶこ・
　　　　　　　　田崎トシ子・常永美弥・とみたみはる・
　　　　　　　　永井一嘉・みやれいこ・min・Meriko・
　　　　　　　　もり谷ゆみ・やまざきかおり
●本文デザイン／株式会社フレーズ
●写真モデル／株式会社クラージュ（大森心愛・北嶋　天・
　　　　　　　久保田花暖・藏本あすか・藏本まゆり・
　　　　　　　椎原麻妃・橋　咲良・田辺虎牙・辻中篤志・
　　　　　　　平山愛輝・福山　晄・南口夏輝・横井裕翔）・
　　　　　　　株式会社gram（浅野立規・苺花・貴翔・
　　　　　　　松本明咲・水口こはる）
●写真撮影／佐久間秀樹
●楽譜浄書／株式会社福田楽譜
●CD制作／株式会社フォンテック
●録音／有限会社アイ・エスクリエイト（清水昭一）・
　　　　Studio SHIMIZU・有限会社ミュージックワークス
●ピアノ伴奏／渚　智佳・中村沙耶
●企画・編集／長田亜里沙・安藤憲志
●校正／堀田浩之

本書のコピー、スキャン、デジタル化等の無断複製は著作権法上での例外を除き禁じられています。本書を代行業者等の第三者に依頼してスキャンやデジタル化することは、たとえ個人や家庭内の利用であっても著作権法上認められておりません。

ウルトラCDつき 0〜5歳児
子どもとつくろう！ ワクワク劇あそび

2014年11月　初版発行
2021年11月　第10版発行
編著者　永井裕美
発行人　岡本　功
発行所　ひかりのくに株式会社
　　　〒543-0001　大阪市天王寺区上本町3-2-14
　　　TEL06-6768-1155　郵便振替00920-2-118855
　　　〒175-0082　東京都板橋区高島平6-1-1
　　　TEL03-3979-3112　郵便振替00150-0-30666
　　　ホームページアドレス　https://www.hikarinokuni.co.jp
印刷所　NISSHA株式会社

©2014　Hiromi Nagai　　　　　　　　　　Printed in Japan
乱丁・落丁はお取り替えいたします。　ISBN978-4-564-60850-6
　　　　　　　　　　　　　　　　　NDC376 200P　26×21cm